工業安全風險評估

王世煌◎著

于 序

　　由於安全意識不足，我國職場所發生的各種事故和傷害的比率，仍無法有效控制，遠落於先進國家之後。在高度競爭的二十一世紀，任何國家的經濟發展，已經不可能再以廉價的勞力和低價值的產品支撐，企業、社會和國家都面臨轉型的壓力。

　　制度化的工業或職業安全衛生管理是二十世紀末期重要的發展，過去十年中，主要的里程碑包括1991年英國HSE「成功的衛生安全管理HSG（65）」、1992年美國OSHA「製程安全管理」、1994年勞委會「危險性工作場所審查暨檢查辦法」、1996年英國BSI BS 8800「職業衛生安全管理系統指引」、1999年BSI OHSAS 18001「職業衛生安全管理系統－規格」、2000年BSI OHSAS 18002「職業衛生安全系統－OHSAS 18001執行指引」和今年初ILO頒布的「職業安全衛生管理系統技術指引」。上述法令或標準涵蓋的個別項目，雖因國情、發展背景有所不同，但是基本的理念都環繞著危害分析、風險評估和風險控制，也是本書的重點所在。

　　本書作者王世煌副組長服務本中心多年，長期致力於製程安全與風險評估技術之研究與推廣，可說是勞檢法第二十六條在我國成功推動的關鍵人物。本書對於工業安全風險評估基本理論，有非常詳盡的說明，並以應用實例加深讀者的認知。除化工製程外，本書對於高科技半導體製程如何執行安全風險評估，也有相當的說明。

　　以風險為基準的工業安全衛生管理，是先進國家經驗的累積和安全文化的精華，可供國人參考之處甚多。本人深信工業安全風險

評估技術的應用，定有助於提升我國製造業製程安全水準，對我國產業永續發展，也將有相當之助益。

工業技術研究院
環境與安全衛生技術發展中心主任

于樹偉

自 序

　　三、四年前有許多朋友向我詢及坊間有關風險評估及製程安全評估的資料取得不易，且大多偏向於理論的講述，較少工業實務，因而要我提供或代為收集相關參考資料，甚至直接建議我是否能集結成冊。然而時至今日，勞動檢查法第二十六條危險性工作場所製程安全評估已運作進入第九年，工研院環安中心在此期間一直扮演著法令推動者、技術諮詢與服務提供者和教育訓練機構的角色；於此同時職業安全衛生管理系統（OHSAS 18001）也開始受到業者重視，除了PDCA的管理循環觀念外，最重要的就是要建立以風險為基準的管理制度。因此，風險評估議題的重要性逐漸凸顯，這是我開始正視朋友的建議，並提筆編寫本書的原因，同時也想藉此對於自己在工研院十三年來的工作結果留下一些記錄。

　　本書第一章從系統化、制度化的安全衛生管理開始談起，並介紹了美國製程安全管理（PSM）法規與RMP；第二章綜論所有常用的定性工業製程安全評估的方法；第三章說明以失誤樹分析為主的頻率分析，及在可靠度工程上的應用；第四章介紹半定量的風險評估方式，並導引出作業安全分析在風險評估時的應用；第五章則談量化風險評估（QRA）；第六章是一個特論，介紹變更管理與其做法，及變更風險評估；最後第七章介紹了本質安全設計的觀念及其如何評估、應用，也兼談了一些工廠安全系統與安全設備設施。筆者期望以較系統性的由定性、半定量到量化的方式介紹風險評估，並在每一個方法之後以實際工業應用實例加以說明，這也是

本書的另一特色。此外，對於高科技產業半導體製程工業之應用亦有所著墨。本書除可供業界參考外，亦可作為大學院校環安系及工學院相關科系高年級同學或研究所同學的教本或參考書。

本書編寫雖力求完整，仍不免疏漏謬誤，尚祈各界先進專家、讀者朋友不吝指正。我的電子信箱是 s.h.wang@itri.org.tw。

走筆至此，要感謝的人實在太多，包括多年來一起合作過的工作伙伴，各界關心及歷年來執行計畫給予協助過的所有朋友。要特別感謝本中心前後兩位主任馬文松博士、于樹偉博士對於後進的提攜與指導，中石化董事長馮亨馮博士引領我進入這個領域，我的同事張福慶、蔡槐庭等人的工作協助，謝志足小姐對於本書資料稿件的幫忙整理。對於台灣積體電路公司馬開南先生，及中鋼公司工安環保處徐順德組長對本書部分內容之資訊提供和貢獻也在此一併誌謝。感謝慧芬對於家庭的照顧與支持，讓我於繁忙的工作之外少了後顧之憂。

最後願將本書獻給我的父親，如果我有任何工作上的成績也是他自幼教誨栽培之功，適逢此刻他離開我們兩年的前夕，為人子者在此表達對他無限的感念與追思。

王世煌
於新竹

目　錄

于　序　i

自　序　iii

第1章　系統化的安全衛生管理與風險評估　1

1.1　職業安全衛生管理系統　2

1.2　製程安全管理　12

1.3　風險管理計畫　19

1.4　風險評估的方法　22

參考文獻　28

第2章　製程危害分析　31

2.1　緒言　32

2.2　分析前準備　34

2.3　危害分析流程　36

2.4　初步危害分析　38

2.5　what-if腦力激盪法　54

2.6　檢核表分析　55

2.7　失誤模式與影響分析　62

2.8　危害與可操作性分析　70

參考文獻　88

第3章　頻率分析　89

3.1　緒言　90

3.2 失誤樹分析應用對象　91

3.3 失誤樹分析實施步驟　93

3.4 實例說明　94

3.5 共同原因失誤模式分析　100

3.6 定量分析　108

3.7 事件樹分析　121

參考文獻　124

第4章　半定量風險評估：作業安全分析　125

4.1 關鍵性作業辨識　126

4.2 應用「風險矩陣」於半定量分析　132

4.3 案例研討一　135

4.4 案例研討二　139

參考文獻　149

第5章　量化風險評估　151

5.1 緒言　152

5.2 化學製程量化風險分析程序　155

5.3 風險量度與計算　162

5.4 液氯裝卸災害模擬案例研討　172

5.5 風險分析　187

5.6 結語　196

參考文獻　197

第6章　製程變更風險評析　199

6.1 緒言　200

6.2 重大意外事故案例　201

6.3　小改變大關鍵　201

6.4　變更管理與風險評估的範圍　207

6.5　變更管理流程　209

6.6　製程變更風險評估的做法　214

參考文獻　218

第7章　本質安全設計與風險控制　219

7.1　緒言　220

7.2　本質安全設計工廠具有之特性　221

7.3　強化製程實例　226

7.4　本質安全設計評估　245

7.5　安全系統　245

參考文獻　249

附錄一　初步危害分析評估標準　253

附錄二　化學工廠初步危害分析（本質危害分析）範例　267

附錄三　半導體製程設備相對危害等級評估基準　275

附錄四　半導體製程設備物理性危害檢核表　283

附錄五　頻率分析計算公式　295

第 1 章

系統化的安全衛生管理與風險評估

1.1 職業安全衛生管理系統

職業安全衛生管理系統（Occupational Health and Safety Management Systems-Specification, OHSAS 18001）已於1999年4月15日由英國標準協會（British Standard Institute, BSI）等十三個國際標準及驗證機構共同制訂公布。本標準受到國際間熱切重視，並經ISO各會員國廣泛討論，被認為是繼ISO 9000品質管理系統、ISO 14000環境管理系統後的另一項國際間的共識與標準，且已有部分事業單位在正式的國際標準訂定前已依各自之需要開始在推行中了。依據OHSAS 18001對於「職業安全衛生管理系統」的定義：係組織整體管理系統之一部分，藉由提供與組織業務相關之職業安全衛生風險的管理，用以建立、實施、達成、審查及維持組織的職業安全衛生政策，其內容包括組織架構、規劃作業、責任、實務、程序、過程及資源。而「組織」則指有自主功能與行政管理的公有或民營、獨立或合股的各類公司、行號、企業體、機構或協會，或者這些團體中的一部分之營運單位。且強調組織的安全衛生績效，而安全衛生績效則指根據安全衛生政策與目標，控制其安全衛生風險所獲得可量測的結果。所以我們已可明確的看出OHSAS 18001系統建置的基礎即在職業安全衛生風險。

為便於品質、環境及職業安全衛生管理系統的整合，在制訂OHSAS 18001時，已考慮與ISO 9000與ISO 14001標準的相容性，因此其系統架構即是規劃（P）、執行與運作（D）、查核與矯正（C）、改善行動方案（A）之架構，如圖1.1成功之職業安全衛生管理的要件所示。標準之條文大綱如下：

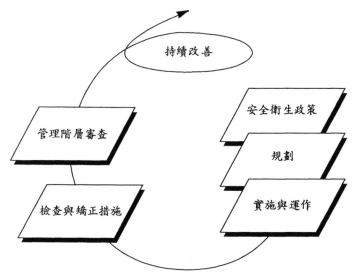

圖1.1　成功的職業安全衛生管理的要件

[1]適用範圍。

[2]參考文件。

[3]名詞與定義。

[4]安全衛生管理系統要件。

　　[4.1]一般要求事項。

　　[4.2]安全衛生政策。

　　[4.3]規劃。

　　[4.4]實施與運作。

　　[4.5]檢查與矯正措施。

　　[4.6]管理階層審查。

　　在「適用範圍」中廣泛解釋為任何期望做到下列各事項的組織
均適用：

　　1.建立職業安全衛生管理系統，以消除或減低可能暴露於組織

活動相關的員工與其他利害相關者在職業安全衛生方面的風
險。

2. 實施、維持及持續改善職業安全衛生管理系統。

3. 確保其符合本身宣告的職業安全衛生政策。

4. 向他人展現其符合性。

5. 尋求由外部組織對本身的職業安全衛生管理系統給予驗證／
登錄。

6. 由本身進行符合OHSAS 18001的自身評定與宣告。

以下將擇要條列安全衛生管理系統要件的部分要點。

1.1.1 [4.2]安全衛生政策

組織應有高階主管簽署的安全衛生政策，以明白陳述組織整體
的安全衛生目標，與對改善安全衛生績效之承諾。該政策應：

1. 對組織之安全衛生風險的特性及規模是合宜的。

2. 包括對持續改善之承諾。

3. 包括對至少符合目前適用的安全衛生法令規章，及組織遵守
的其他要求事項之承諾。

4. 已文件化、實施及維持。

5. 已傳達給所有員工，並使其認知個人的安全衛生責任。

6. 可向利害相關者公開。

7. 定期審查以確認該政策持續關聯並適合於該組織。

1.1.2 [4.3]規劃

應以組織活動潛在的安全衛生風險，及相關法規和工業規範的

要求，作為規劃安全衛生管理計畫的基礎，據以訂定適當的目標，建立適當的管理方案。

[4.3.1]危害辨識、風險評估及風險控制之規劃

組織應建立並維持適當的程序，以持續鑑別危害、評估風險及實施必要的控制。內容包括：

1. 涵蓋例行性及非例行性的活動；所有工作場所及設施；所有員工、包商及訪客。
2. 依據組織之範圍、性質及時機定義評估的方法，且確保此方法是主動的而非被動的。
3. 其結果提供決定設施的安全設計或防護、訓練需求的鑑別及作業管制的建立之參考依據。

[4.3.2]法令規章與其他要求事項

組織應建立並維持一程序，以鑑別並取得組織適用之法令規章與其他安全衛生要求事項。組織應保持此項資訊之更新。組織應將法令規章與其他要求事項之相關資訊，傳達給員工與其他相關的利害相關者。

[4.3.3] 目標

組織於內部各相關部門與階層，應建立書面的安全衛生目標。目標需儘可能予以量化。在建立與審查目標時，組織應考慮到法令規章與其他要求事項、本身的安全衛生危害與風險、技術面取捨與財務、作業及業務要求事項，以及利害相關者的觀點。目標應與安全衛生政策一致，包括對持續改善的承諾。

[4.3.4]安全衛生管理方案

組織應制定並維持一個或多個安全衛生管理方案，以達成其目標。方案應包括：

1.組織內各相關部門與階層為達成目標之權責分工。
2.達成目標之方法與時程。

1.1.3　[4.4]實施與運作

[4.4.1]架構與責任

為了達成安全衛生管理，對於管理、執行及查驗組織中具安全衛生風險之活動、設施及製程的人員，其角色、責任及權限應加以界定、文件化及宣導溝通。

高階主管負有職業安全衛生之最終責任。組織應指派高階主管中之一員（例如大型組織中之經（協）理或執行委員會成員）負起特定責任，以確認組織適切地實施安全衛生管理系統，並在組織中所有運作的地點及範圍，皆能執行相關的要求事項。

管理階層應提供實施、管制及改善安全衛生管理系統所需要的資源。資源包括人力資源、專門技能、技術及財務的資源。所有負有管理責任者應展現對持續改善安全衛生績效的承諾。

[4.4.2]訓練、認知及能力

擔任叮能對工作場所中的安全衛生造成衝擊之工作的人員，應具備必須的能力。此能力應以適當的學歷、訓練及（或）經驗加以界定。

組織應建立並維持適當的程序，以確認各相關部門與階層的人員具有下列之認知：

1. 符合安全衛生政策與程序以及安全衛生管理系統之各項要求。
2. 員工之作業活動對安全衛生所造成之實際或潛在的影響，以及提升個人績效能夠帶來的安全衛生效益。
3. 為了達成符合安全衛生政策與程序以及安全衛生管理系統之各項要求，包括緊急事件準備與應變之要求（參見[4.4.7]），每個人所必須扮演的角色和擔負的責任。
4. 偏離特定作業程序時可能造成的後果。

[4.4.3] 諮詢及溝通

組織應有適當的程序，以確認向員工及其他利害相關者傳達及諮詢適切的安全衛生資訊。員工應：

1. 參與政策及程序之建立與審查以管理風險。
2. 在有任何改變會影響工作場所之安全衛生的情況時被諮詢。
3. 被告知安全衛生相關事務。
4. 被通知誰是安全衛生員工代表，以及誰是管理指定者（參見[4.4.1]）。

[4.4.4] 文件化

組織應建立並維持適用的如書面或電子形式之資訊，以說明管理系統的核心要領，以及彼此間的關聯；及作為相關文件的指南。對文件化的有效性與效率而言，儘量保持文件化的最低需求是很重要的。

[4.4.5]文件及資料管制

組織應建立並維持適當的程序，俾能管制本標準所需求的各項文件與資料，以確認：

1. 文件易於檢索。
2. 定期審查和視情況需要修訂文件，並由權責人員認可其適切性。
3. 在所有關係到安全衛生管理系統有效運作之重要作業地點，都可以取得相關文件及資料的現用版本。
4. 即時地將失效的文件與資料自所有發行處和使用處收回，否則要確保其不被誤用。
5. 為法律及（或）保存知識目的而保留的檔案性文件與資料有適當的標明。

[4.4.6]作業管制

組織應鑑別出有哪些作業與活動項目係與已確認需使用控制方法的風險有關，組織應規劃包括維修在內的上述活動，透過下列各項方式以確認作業時能符合規定的條件：

1. 建立並維持文件化之作業程序，俾能涵蓋如缺少哪些程序時可能造成偏離安全衛生政策和目標之情況。
2. 在這些程序中明訂作業準則。
3. 建立並維持有關於組織所購買及（或）使用的商品、設備和服務中已鑑別的相關安全衛生風險的程序，同時把相關程序與其要求傳達給供應商和承包商。
4. 對工作場所、工作流程、安裝、機械、操作程序及工作組織之設計，包括這些設計對人員能力的適用，建立並維持適當

的程序，以期在發生源消除或減低安全衛生風險。

[4.4.7] 緊急事件準備與應變

組織應建立並維持適當的計畫與程序，以鑑別可能發生之事故及緊急狀況，並防止或減輕此類事件所可能造成的疾病與傷害。組織應審查其緊急事件準備與應變的計畫與程序，特別是在事故或緊急狀況發生之後。

如實際可行，組織應定期測試與演練應變程序。

1.1.4　[4.5]檢查與矯正措施

[4.5.1] 績效量測與監督

組織應建立並維持適當的程序，以定期監督與量測安全衛生績效，此類程序應提供：

1.適合組織需求之定性及定量的量測。
2.監督組織安全衛生目標之達成程度。
3.主動性（proactive）的績效量測以監督安全衛生管理方案、作業準則及適用之法令及規章要求的符合性。
4.被動性（reactive）的績效量測以監督意外事件、疾病、事故（包括虛驚事故）及其他以往安全衛生績效不足的事證。
5.足夠之監督與量測的資訊與結果之紀錄，以進行後續矯正與預防措施的分析。

如監督設備係用於績效的量測與監督，組織應建立並維持適當的程序以校正和維修該設備，校正和維修活動之紀錄與結果應加以保存。

[4.5.2]意外事件、事故、不符合、矯正及預防措施

組織應建立並維持適當的程序，以便：

1.處理與調查：
   (1)意外事件。
   (2)事故（包括虛驚事故）。
   (3)不符合狀況（包括不安全的行為、不安全的狀況、違反安全規則、製程偏離等）。
2.採取行動以減輕任何意外事件、事故或不符合狀況所造成的後果。
3.展開並完成矯正及預防措施：為達成此目的必須調查不符合狀況的根本原因（root causes），追溯系統中的哪一環節不適當，以便進行系統回饋。
4.確認採取之矯正與預防措施的有效性。

[4.5.3]紀錄與紀錄管理

組織應建立並維持適當的程序，以進行安全衛生紀錄的識別、維護及處置。這些紀錄應包括稽核與審查的結果。安全衛生紀錄應清楚易讀、可辨識，並可追溯到相關的活動。

[4.5.4]稽核

組織應建立並維持一個稽核方案與適當的程序，俾能定期執行安全衛生管理系統之稽核工作，以：

1.判定安全衛生管理系統是否：
   (1)符合安全衛生管理的各項規劃事項，包括本規範的要求在內。

(2)獲得妥善的實施與維持。

(3)有效地符合組織的政策及目標。

2.審查以往稽核結果。

3.將稽核結果之資訊提交管理階層。

稽核方案包括時程，應以組織活動的風險評估結果與以往的稽核結果為依據。稽核程序中應包括範圍、頻率、方法與能力（稽核員的訓練及適任性），以及執行稽核工作與結果報告的責任與要求。稽核應儘可能由與受檢查活動無直接責任關係之獨立性人員執行之。

1.1.5 [4.6]管理階層審查

組織的高階主管應依其自行決定之時程審查安全衛生管理系統，以確認其持續適用性、適切性及有效性。管理階層審查的過程，應確保管理階層能獲得必要的資訊以進行評估，此類資訊包括：安全衛生目標的達成程度、事故調查報告、稽核報告、專案檢查報告、員工申訴……。審查過程與結果應予文件化。管理階層審查應依據安全衛生管理系統之稽核結果、情勢的變化以及持續改善的承諾，提出修改安全衛生管理系統之政策、目標及其他構成要項的可能需求。

1.2　製程安全管理

OHSAS 18001 提供了運作制度化安全衛生管理系統的方針與模式，然而此原則性的規範較著重於系統架構的描述，而少著墨於執行細節的標準，此於1992 年美國聯邦政府公布實施的高危害性化學製程安全管理法規（29 CFR Part 1910.119 Process Safety Management of Highly Hazardous Chemicals, PSM）中有完整的規範。PSM 法規雖以運作一萬磅以上易燃物及達限量的危險物和有害物的工廠為主，但根據美國勞工部職業安全衛生署（Occupational Safety and Health Administration, OSHA）的統計，全美國超過二萬四千九百家工廠適用，且OSHA 亦不諱言，PSM 法規是有史以來最複雜、涵蓋面最廣的安全法令，事實上，PSM 中的要求應適用於所有的製程工業。

PSM 法規最特別的地方即在安全管理計畫是植基於製程的操作特性，因此應依操作特性建立製程安全資訊，利用製程安全資訊執行製程危害分析，再運用危害分析的結果加強人員訓練、設備管理及各項操作管理。以下略述PSM 的相關標準：

1.2.1　員工參與（employee participation）

雇主於建立 PSM 時應邀集或諮詢各部門、各階層的員工代表共同參與管理程序和標準的制訂。執行製程危害分析時應有與被評估製程的相關員工參與。

1.2.2 製程安全資訊 (process safety information)

雇主應建立下列三類資訊:

1. 製程化學資訊。
2. 製程技術資訊。
3. 製程設備資訊。

此三類資訊之詳細內容將於第2章2.2節中說明。

1.2.3 製程危害分析 (process hazard analysis, PHA)

1. 應以系統化的方法辨識危害,並評估其危害控制措施失效時的可能後果。
2. 由對製程熟悉或合格的適當人員組成評估小組為之。
3. 定義執行時程與再評估頻率。
4. 分析結果記錄與追蹤。

有關製程危害分析的相關要求將於第2章2.1節中說明。

1.2.4 操作程序 (operation procedure)

1. 應建立製程開車、停車、緊急停車等各種操作階段或操作狀況的標準操作步驟。
2. 描述操作限制:
   (1)製程偏離之影響說明。
   (2)避免或修正製程偏離的必須步驟。

3.詳列安全與衛生考量說明。

4.詳列安全系統及其功能說明。

5.操作程序至少每年須檢討或修正一次。

6.建立必要之安全工作實務規範，如：開封（拆開密閉系統）、入槽、上鎖／掛牌（lockout／tagout）（能源管制）、連鎖系統 bypass、高架作業等。

1.2.5　訓練計畫（training）

1.初期或到職訓練，包括：製程介紹、操作方法、安全工作規則或相關規範。

2.至少每三年接受一次再訓練。

3.訓練記錄：

   (1)受訓人員簽名、日期。

   (2)訓練成效評估文件。

1.2.6　承攬管理（contractor management）

承攬管理計畫應涵蓋：

1.雇主的責任：

   (1)評估承攬人安全紀錄及安全計畫，以作為選擇承攬人之參考標準。

   (2)告知承攬人工作場所潛在危害。

   (3)照會承攬人緊急應變計畫。

   (4)發展並要求承攬人應遵守之安全工作規範，並執行承攬人員工出入廠管制。

(5)稽核承攬人承攬期間安全表現，如有違規應即令停工。

(6)定期與承攬人開會或溝通。

(7)保存承攬人之職災紀錄。

2.承攬人的責任：

(1)對其僱用員工有施以訓練使其能安全工作之責任。

(2)對其僱用員工有告知工作區域中潛在危害與緊急應變動作之責任。

(3)保存訓練紀錄。

(4)確認每一員工遵守工作區域之安全工作規範。

(5)告知或建議雇主作業期間所發現的危害與安全事項。

1.2.7　開車前安全檢查（prestart-up safety review）

1.適用於新設置或經修改之區域或設備設施。

2.開始運轉使用前需確認：

(1)符合相關之工業標準／規範，並依設計規範完成建造與安裝。

(2)安全、操作、維修及緊急操作程序皆已建立完成。

(3)操作人員之訓練已完成。

(4)危害分析所發現之問題與改善建議在開車前已解決或執行。

1.2.8　機械設備完整性（mechanical integrity）

1.辨識出適用設備完整性計畫的關鍵性設備，可能包括：壓力容器、儲槽、輸送危害性物質或重要的管線、危害性物質的加熱系統、壓縮機、泵浦、關鍵性的控制環路、警報與連鎖

系統、安全閥、偵測器等。

2.發展及建立標準程序，包括設備之設計或選用、安裝、檢查、測試、修復等，以維持製程設備之運轉完整。

3.訓練維修人員，包括：

(1)能正確依循標準維修程序執行檢修的技能。

(2)對工作場所與製程認知之必要訓練。

4.檢查與測試：

(1)根據製造商之建議或採用良好的工程實務規範。

(2)記錄檢測結果。

(3)應用維修實務經驗及最新的檢測技術與儀器發展新的檢測方法，如：超音波、熱影像、材料分析等。

5.執行設備故障或超出容許偏差之校正程序。

6.品保計畫（QA），包括：

(1)新設備上線前之評估、與既有系統之相容性。

(2)設備零組件符合既定之標準／規範。

(3)備品系統之建置。

1.2.9　動火許可（hot work permit）

動火作業許可單或工作程序必須包含：

1.動火作業的目的與工作說明。

2.核准執行動火的時間。

3.許可證置於動火現場直到作業完成。

4.危害辨識欄位，記載動火前與動火期間之檢查或檢測結果。

5.火災預防措施。

6.警戒與看火。

7.作業許可之核准簽發授權須加以管理。

1.2.10　變更管理（management of change）

建立包含製程技術、原物料、設備、操作方法等非同型（not-in-kind）替換之管理制度，包括必要之申請、評估、核准、訓練告知、技術資料更新等程序，以管理因非同型替換所可能產生之新的風險。詳細之MOC制度將於第六章6.4、6.5、6.6節中說明。

1.2.11　事故調查（incident investigation）

1.災害事故與高潛在危害之虛驚事故皆須調查。
2.由熟悉製程及曾有事故調查與分析經驗的人員組成調查小組進行調查。
3.儘速展開（事故發生四十八小時內）調查。
4.調查報告應包含：
　(1)事故發生時間。
　(2)開始調查時間。
　(3)事故描述與損失。
　(4)事故發生的根本原因。
　(5)改善建議。
5.追蹤系統。
6.調查報告之保存。

1.2.12　緊急應變計畫（emergency planning）

1.發展並建立緊急狀況之應變與行動規劃。針對製程危害分析

（PHA）所評估出之重大危害狀況，建立緊急通報、緊急處理、疏散、搶救（修）、外部支援之必要程序。

2.建置警報系統及其維護計畫。

3.建置緊急應變組織及指揮系統：

    (1)定義各人在緊急應變行動計畫中的角色。

    (2)訓練與演練計畫。

4.建置緊急應變器材，包括：緊急通訊設備、消防設備、偵測設備、搶救設備、急救設備、個人防護器具等等。

5.建置緊急控制中心。

1.2.13　稽核（audit）

1.至少每三年進行一次前述所有PSM項目符合相關規範之執行狀況稽核。

2.稽核小組應由至少一位熟悉製程的人員組成。

3.完成稽核報告。

4.稽核中的發現、缺失、改善建議須加以追蹤。

5.保留最近兩次的稽核報告。

1.2.14　商業機密（trade secrets）

1.員工有權了解因執行PSM所產生的資料、紀錄及所有相關文件，雇主應提供適當管道讓員工可以取得適當的資訊。

2.對於前述文件與取得管道，雇主應建立正式的管理程序，以便保障雇主和員工雙方之權益。

1.3 風險管理計畫

　　一般事業單位風險管理的觀念可能大多為因應保險的需求，然而歐美先進國家卻早已將這項觀念訂入相關的法令規範中了，如歐洲議會在1982年制訂的European Union Directive （82/501/EEC）法案，其遠因是1976年義大利Seveso戴奧辛外洩事件，因此又稱為Seveso Directive，該法案在1997年經歐洲議會修訂為重大意外危害控制法案（COMAH Directive），又被稱為 Seveso II Directive。美國聯邦政府環保署在1996年公布實施的風險管理計畫法（40 CFR Part68 Risk Management Program Rule, RMP）被認為是OSHA PSM法規的延續，進一步要求相關事業單位須執行量化風險評估。RMP法案適用的工業包括液氨冷凍工廠、煉油廠及石油化學工業、氣體工廠、丙烷或燃氣工業，如：製造、儲存丙烷、LPG、LNG者；半導體工業，如：使用B_2H_6、$Si(CH_3)_2Cl_2$、HF、HCl、……、水處理設施及其他使用危害物的工業，如：氯氣……。

　　RMP法規要求須執行以下之評估和規劃：

1. 危害評估：必須執行廠外後果分析（off-site consequence analysis, OCA）。
2. 危害預防計畫。
3. 緊急應變計畫。
4. 風險管理計畫文件必須可以落實執行且可以被稽核，另必須適度地與社區溝通。

風險管理計畫依製程工廠的危害情況與規模區分為三種類型：

1. 第一類計畫：在近五年內未發生過波及廠外的意外事故，且在所有的事故中未曾有群眾受到影響，且已與社區的緊急應變組織（委員會）協調過其應變計畫者，可僅執行後果分析（OCA），再依結果評估應變計畫。
2. 第三類計畫：OSHA PSM 所規範的製程，或 RMP 標準工業規範（SIC）表列中的製程。
3. 第二類計畫：非第一類或第三類計畫者。而其較詳細的內容如表1.1。

RMP 法規要求執行之量化風險評估為後果分析（OCA），可以使用的工具包括美國環保署的 RMP Guidance 或利用電腦模擬的套裝軟體進行模式評估，例如氣體擴散模式有：PHAST、TRACE、ALOHA、CHARM、HGSYSTEM、SLAB 等等，火災爆炸模式之產品有：PHAST、CHARM 及 Baker-Strehlow 氣雲爆炸分析法。而 OCA 須進行評估的事件則應包括最嚴重事件模擬（worst-case scenario, WCS）與可能外洩事件模擬（alternative release scenario, ARS）兩類。

最嚴重事件模擬分析（WCS）時的考慮因素如下：

1. 毒性氣體外洩設定擴散時間十分鐘。
2. 液化氣體或液體形成液池，在沒有被動式消減系統（例如：防溢堤）的情況下，設定液池最高一公分；而有被動式消減系統時，則設定液池為防溢堤高度下擴散十分鐘。
3. 易燃物外洩產生之氣雲爆炸，如考慮 TNT 當量模式，以10％ yield 爆炸威力所對應之爆炸範圍作指標。
4. 氣象條件：風速1.5m/sec，大氣穩定度F，溫度／濕度以三年內白晝的最高溫度及平均濕度或25℃，50％相對濕度估計。

表1.1　風險管理計畫內容綱要

危害評估	第二類預防計畫	第三類預防計畫	緊急應變計畫
· 定義廠外後果分析（OCA）參數 · 最嚴重事件模擬分析（worst-case scenario, WCS） · 可能外洩事件模擬分析（alternative release scenario, ARS） · 定義廠外群眾影響 · 定義廠外環境影響 · 檢討與更新 · 評估報告 · 五年內的事故紀錄	· 製程安全資訊 · 危害評估 · 操作程序 · 訓練計畫 · 維修計畫 · 稽核 · 事故調查	· 製程安全資訊 · 製程危害分析（PHA） · 操作程序 · 訓練計畫 · 機械設備完整性 · 變更管理 · 開車前安全檢查 · 稽核 · 事故調查 · 員工參與 · 動火許可 · 承攬管理	· 依後果分析規劃緊急應變計畫書，並與當地社區之緊急應變組織溝通；應變程序中須涵蓋人員暴露時之急救與醫療處理方式，及事故後之處理復原程序 · 應變設備器材之檢測與保養 · 人員之訓練與演練 · 計畫之檢討與更新，能及時反映人員、資源、製程之變更

可能外洩事件模擬分析（ARS）時的考慮因素如下：

1. 考慮工廠製程較可能發生的事件：
   (1)軟管破裂或接頭脫落。
   (2)製程管線由法蘭、接頭、焊道、閥及閥的密封、排料閥、盲封處外洩。
   (3)製程塔槽或泵浦因破裂、密封損壞、排料口、盲封、栓塞等損壞而洩漏。

(4)塔槽溢流、超壓及從安全閥或破裂盤噴出。

(5)槽車破裂或爆胎、裝卸作業失誤等導致外洩。

2.氣象條件：使用典型的經常狀況下的大氣條件，風速8mph，大氣穩定度D。

該法案雖在美國工業界引起很大的爭議，但將風險管理與製程操作管理相結合，且透過量化的手段以作為決策參考及緊急應變規劃之依據的觀念卻值得我們深思。

1.4 風險評估的方法

職業安全衛生管理系統規範（OHSAS 18001:1999）第[4.3.1]節：危害鑑別、風險評估及風險控制之規劃中之要求標準如下：

組織應建立並維持適當的程序以持續鑑別危害、評估風險及實施必要的控制方式。這些程序應包括：

1.例行性及非例行性的活動。

2.所有人員進入工作場所之活動（包括承包商與訪客）。

3.由組織或其他單位在工作場所中所提供之設施。

4.組織在設定本身的安全衛生目標時，應確認已考慮風險評估的結果與風險控制的效果。組織應將此項資訊文件化並保持其更新。

組織之危害鑑別及風險評估的方法應：

1.依據組織之範圍、性質及時機定義，以確保此方法是主動的而非被動的。

2.提供風險之分類及鑑別的資訊，而這些風險將藉由[4.3.3]節

與[4.3.4]節所定義之方法加以消除或控制。

3.與操作經驗及所使用的風險控制方法之能力一致。

4.提供決定設施的要求、訓練需求的鑑別及（或）作業管制的建立之資訊。

5.提供必要性措施的監督資訊，以確認措施實施的有效性及適時性。

歸納起來對於事業單位在危害鑑別與風險評估方面的要求包括要建立正式的程序書，評估內容涵蓋所有例行性及非例行性的活動，例如：正常的作業及其他維修、測試、新建、臨時性作業等；而人員亦涵蓋所有人，包括包商和訪客；及所有工作場所中的製程、設施設備。而評估方法則不作硬性要求，僅須依組織規模、製程或作業特性加以考量選擇，另亦提及應考慮「時機」的因素，此應可解釋為製程／作業的生命週期（lifecycle），從規劃、設計、安裝建造、試運轉、正式作業、變更修改、停止運作等各階段的風險評估。要求「確保方法是主動的而非被動的」，則凸顯出係評估潛在的危害，而非事件發生後的調查檢討。「提供風險之分類資訊」則為評估結果的風險程度，叮進而解釋為量化風險，即一般考慮的頻率（frequency）與嚴重度（severity）。「與操作經驗及所使用的風險控制方法之能力一致」，一方面指此評估須由對作業熟悉或對製程之設計或操作有經驗的人員參與，且評估內容符合作業現場實務；另一方面亦與前文提到的評估方法不作規定有關，「能力」因素是主要考量，因此我們建議：大型工業、煉油廠、發電廠、石化業、高科技半導體製程等，不論從其規模、精密程度，或製程作業中的潛在危害種類、程度，都應考慮選擇複雜模式，先行決定各作業或製程之風險等級，排定優先順序，再分段、分區逐年完成進一步之評估。輕工業、產品裝配型生產、資訊產品製造業等則可考慮

採用中度模式，一年內完成評估工作。至於中小企業、營建業、服務業因資源有限、流動性大等因素，應採用簡易模式，在最短的時間、最小的人力負荷下完成評估。

除上述評估方法的相關原則外，標準也提到：「提供決定設施的要求、訓練需求的鑑別及（或）作業管制的建立之資訊」與「……將藉由[4.3.3]節訂定目標與[4.3.4]節訂定安全衛生管理方案」的敘述是一致的，即建立以風險為基準（risk-based）的安全衛生計畫，以決定設備設施工程改善；人員認知、技能提升之訓練規劃；及建立管理措施或改進管理標準的依據。至於「提供必要性措施的監督資訊，以確認實施的有效性及適時性」則指針對風險評估結果之追蹤與稽核，且為維持其有效和適時，應定期再評估，並對作業變更、製程修改亦建立安全審查的機制。

圖1.2我們所建議的風險評估模式以製程或作業特性為主要選擇依據，如為連續製程、管線系統、自動控制系統，則採用工作場所導向式模式；如為批式製程、裝配作業、維修作業……則採用作業步驟導向式模式。

1.4.1　工作場所導向式模式

可分為四個階段評估，以決定風險程度，判斷是否要進入後續階段的評估：

1.判斷是否為法定之危險性工作場所或高潛在危害場所？依「勞動檢查法施行細則」對於危險性工作場所的定義包括：
  (1)從事石油產品之裂解反應，以製造石化基本原料之工作場所。
  (2)使用中央主管機關指定公告之原料，從事農藥原體合成

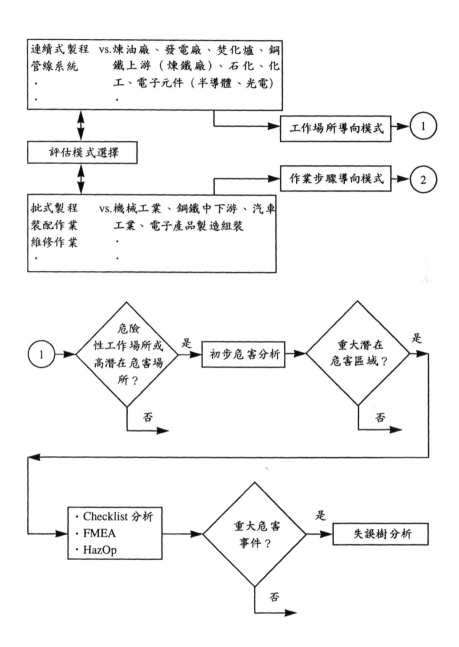

圖1.2　風險評估模式

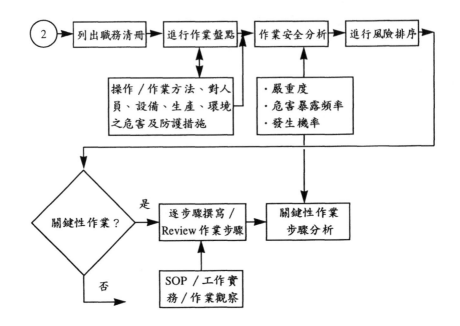

（續）圖1.2　風險評估模式

　　之工作場所。

(3)爆竹煙火工廠及火藥類製造工作場所。

(4)設置高壓氣體類壓力容器，其處理能力一日在一百立方公尺以上或冷凍能力一日在二十公噸以上（使用氟氯烷為冷媒者，其冷凍能力一日五十公噸以上）；或蒸氣鍋爐之傳熱面積在五百平方公尺以上之工作場所。

(5)製造、處置、使用危險物、有害物之數量達中央主管機關規定數量之工作場所。

至於非法令規範之高潛在危害場所可參考杜邦公司的危害等級分類：

(1)製程中毒性物質如外洩之濃度達ERPG-3 ❶或IDLH ❷者。

(2)具高放熱反應，反應失控有爆炸之虞者。

(3)具有易燃性物質、閃火點小於38℃（100℉）或可燃性氣體之製程。當然亦需考慮設備老舊、以往曾發生之事故與操作紀錄，及位置、配置是否有其他敏感因素等。

而高科技之半導體、光電製程則可參考SEMI S2-0200設備安全標準，不符合其標準者需進一步評估，而符合及不適用者則不需要進一步評估。

2.初步危害分析，分析發掘重大潛在危害之區域或次系統。

3.針對重大危害區域或次系統，進行下列任一方法之評估：

(1)檢核表（checklist）分析。

(2)what-if腦力激盪法。

(3)失誤模式與影響分析（failure modes and effects analysis, FMEA）。

(4)危害與可操作性分析（hazard and operability study, HazOp）。

4.針對關鍵性的事件或有特殊考慮需量化風險的事件，執行更專業性的失誤樹分析（fault tree analysis, FTA）。

1.4.2　作業步驟導向式模式

1.列出職務清冊，進行各職務的作業盤點。

2.進行作業安全分析（job safety analysis, JSA）。考慮作業潛在危害的嚴重度、暴露頻率、發生機率以決定風險等級。

3.作業步驟導向式的評估模式亦分為兩階段，在完成初步JSA後即可進行風險排序，再依據事業單位的政策、目標、人力

資源等因素決定關鍵性的作業，即某一風險等級數以上的作業。

4.針對這些作業，檢討其作業步驟，並進行關鍵性作業步驟分析。

5.逐年再評估關鍵性作業，或降低可接受的風險等級數，即增加關鍵性作業的數量，並進行其作業步驟分析。

註：

❶ERPG 是美國工業衛生學會（American Industrial Hygiene Association, AIHA）所出版之緊急應變計畫指引（Emergency Response Planning Guide）對於危害性物質的急性毒性指標，有別於作業環境允許暴露濃度之慢性毒性指標（TLV-TWA）。AIHA 將ERPG 值分為三等級，ERPG-3 的定義是人員暴露在此濃度下一小時內會造成不可恢復性傷害、包括死亡的濃度值；ERPG-2 的定義是人員暴露在此濃度下一小時內會造成可恢復性傷害的濃度值；ERPG-1 的定義是人員暴露在此濃度下一小時內會有明顯的不適感。

❷IDLH 是立即危及生命與健康的濃度（immediately danger to life and health）。

參考文獻

1. Occupational Health and Safety Management Systems-Specification, OHSAS 18001, 1999.

2. Occupational Health and Safety Management Systems-Guidance, OHSAS 18002, 1999.

3. 29 CFR Part 1910.119 Process Safety Management of Highly Hazardous Chemicals, 1992.

4. 40 CFR Part 68 Risk Management Program Rules, 1996.

5.勞動檢查法施行細則，民國86年。

6.危險性工作場所審查暨檢查辦法，民國88年。

第2章

製程危害分析

2.1 緒言

　　1984年12月3日在印度的Bhopal發生了一件人類工業史上最嚴重的意外事故,聯碳公司(Union Carbide Co., UCC)所屬的印度公司於歲修期間因清洗過濾器未依標準作業程序上盲板,水由隔離閥洩漏至異氰酸甲酯(methyl isocyanate, MIC)儲槽,發生失控反應,而洗滌系統又被關掉,有毒之排放氣由此外洩。該事件造成二千人立即死亡,四千人陸續死於中毒,一萬七千人受傷;印度政府及聯碳公司財務損失與賠償逾美金四億七千萬元。因為UCC是美籍化學集團,因而促使美國各界熱烈討論該事件,並由勞工部職業安全衛生署(OSHA)於1986年提出高危害性化學製程安全管理(PSM)法案草案,該法案於1992年2月正式立法列入美國聯邦法律開始實施。PSM法令中最大的特色即在於要求業者執行製程危害分析(PHA),並以PHA的結論作基礎,建立PSM計畫或風險管理計畫。而PHA與OHSAS 18001之[4.3.1]「危害鑑別、風險評估及風險控制之規劃」有異曲同工的意義。

　　事實上,除美國的PSM法令外,世界各國都有類似的法規,如歐聯在1982年公布施行的重大意外危害控制法案指導綱要(Control of Major Accident Hazards, COMAH)又稱Seveso Directive(82/501/EEC),該法於1997年修正,又稱Seveso II Directive(96/82/EEC)。日本於1976年依據勞動安全衛生法第八十八條新設工廠申請之條文規定,公告施行「化學工廠安全評估指針」,要求特定工業於建新廠或修改大部分既有設施之事業單位應於申請時提出安全評估報告。而我國勞委會也依勞動檢查法第二十六條之規定於民國83年5月2日公布「危險性工作場所審查暨檢查辦法」,其

中亦要求危險性工作場所需執行製程安全評估。

OSHA PSM 法令中 PHA 的要求包括：

1.製程危害分析應評估下列事項：
    (1)辨識危害。
    (2)由類似製程曾發生之事故研究所發現之工作場所潛在危
       害。
    (3)工程及管理控制措施。
    (4)工程及管理控制措施失效之後果或影響。
    (5)設備設施配置。
    (6)人因工程考慮。
    (7)對人員安全與健康之可能影響的評估。
2.可選用的分析方法有：
    (1)what-if 腦力激盪法。
    (2)檢核表分析。
    (3)what-if 與檢核表分析。
    (4)危害與可操作性分析（HazOp）。
    (5)失誤模式與影響分析（FMEA）。
    (6)失誤樹分析（FTA）。
    (7)其他具同等效力的方法。
3.危害分析應由對工程、操作及製程有經驗的人員組成評估小
   組來完成。評估小組中至少須有一人熟悉評估方法。
4.針對評估小組之發現與建議應有追蹤系統。
5.至少每五年再評估一次。
6.只要製程繼續運作，PHA 的相關資料與紀錄均應保存。

2.2　分析前準備

　　危害分析前須組成評估小組及收集將分析之製程或系統的相關資料，以下就評估小組的組成與收集資料的涵蓋範圍略加敘述。

2.2.1　評估小組

　　化學製程危害分析評估小組的成員將因製程發展的不同階段或不同作業而略有不同，但基本上下列幾種性質的人員是必須具備的：

1.製程工程師或方法工程師。
2.操作工程師。但發展中的製程不具此人。而建廠中的製程則應為將來要負責去接手操作的技術主管。既有工廠則可安排資深操作員或領班參與，以了解現場的實際操作方式。
3.機械（設備）工程師。
4.儀電工程師，可視需要，部分時間加入，不必全程參與。
5.安全工程師，協助指認各種法規和標準規範的要求。
6.評估小組小組長，負責計畫之時程與控制，引導其他小組成員進行研討，因此需熟悉評估方法。
7.秘書或記錄，負責小組研討內容之記載，協助小組長整理危害分析文件資料，亦需了解評估方法及相關的專業知識和技術性名詞。

　　除上述的人員外，在製程開發、基本設計，或第一次進行初步危害分析時亦會視需要選擇化學專家、毒理學專家、環保人員來參

與評估小組，以協助辨識本質危害；在建廠試車階段會邀請承包人員、設備供應商來會同評估；在維修或拆卸時亦會要求環保人員加入評估，以辨識對環境、人員及附近社區居民的影響。

2.2.2 評估資料

OSHA法規要求對於製程化學物質、製程技術及製程設備須建立書面資料，並建立製程安全資訊系統，此資訊將作為執行製程危害分析、操作程序、訓練計畫及緊急應變計畫等之基礎。以下列舉此三種危害分析時需考慮的因素：

1.製程化學資訊，包括：
　(1)毒性資料。
　(2)容許暴露濃度。
　(3)物理性資料。
　(4)反應性資料。
　(5)腐蝕性資料。
　(6)熱安定性及化學安定性資料。
　(7)非預期之物質混合的危險效應。
　主要為補充物質安全資料表（MSDS）所不足者。
2.製程設計技術資訊，包括：
　(1)方塊流程圖或製程流程圖（PFD）。
　(2)製程化學。
　(3)最大存量。
　(4)製程操作變數上下限及容許偏差，如：溫度、壓力、流
　　量、濃度與安全相關之操作偏離所引起的後果。
　在原製程設計資訊中並不完全存在，此資訊是因製程危害分

析之需要而發展的。

3. 機械設備資訊，包括：

(1)結構材質。

(2)管路及儀器圖（P & ID）。

(3)用電區域防爆分級。

(4)緊急釋放系統設計。

(5)通風系統設計。

(6)設備及管路規格。

(7)安全系統，包括警報系統、連鎖系統等等。

(8)設計及施工規格。

現存根據規範、標準或工程實務之設備設計與建造記錄已不使用，雇主應重新建立設備之設計、維護、檢查、測試及操作安全資料。

2.3 危害分析流程

製程危害分析的方法有：文獻搜尋／工業實務調查（literature search/industry survey）、初步危害分析（preliminary hazard analysis, PrHA）、相對危害等級法（relative ranking）、工廠巡查（plant walk-through）、檢核表分析（checklist analysis）、安全稽核（safety audit）、如果……會如何？／腦力激盪（what-if review/ brainstorming）、失誤模式與影響分析（failure modes and effects analysis, FMEA）、危害與可操作性分析（hazard and operability study, HazOp）、失誤樹分析（fault tree analysis, FTA）、事件樹分析（event tree analysis, ETA）等。失誤樹分析與事件樹分析用於危害頻率分析，屬定量評估法；相對危害等級法亦能對設備或塔發生火

災、爆炸或外洩時的影響概估出危害指數，如Dow index、Mond index、化學暴露指數（chemical exposure index, CEI）等，可應用於廠區配置安全評估，而其他方法則都屬於危害辨識之定性評估法，我們將在以下各節中加以介紹，並比較其特徵。

表2.1中列出各種分析方法在製程生命週期不同階段中的適用性，例如：製程工廠在設計規劃階段應從宏觀角度進行分析，評估的重點是製程對廠區與環境的影響，製程單元是否會產生火災、爆炸、外洩等重大危害，較適用what-if與初步危害分析等方法；在完成細部設計，P & ID齊備，工廠流程、設備明確定義後，可針對所有細部設計進行系統化的安全分析，此時HazOp與FMEA是最佳選擇；運轉中的工廠於擴建或修改變更時是一評估重點，相對危害等級分析是可用的方法，亦可針對變更部分執行必要的HazOp分析或FMEA或失誤樹分析。

各種危害分析技術各有其優點與限制，直接選用單一的分析技

表2.1 製程各階段之危害分析適用方法

製程階段 \ 評估方法	製程研發	基本設計	試驗工廠	細部設計	建廠階段	試車階段	正常運轉	擴廠或修改	停廠拆除
文獻Survey	●								
如果—會如何	●	●							●
初步危害分析		●							
檢核表		●	●		●	●	●		●
相對危害等級分析		●						●	
危害與可操作性分析			●	●					
失誤模式及影響分析				●					
失誤樹分析				●			●	●	
工廠巡查					●	●			
安全稽核							●		

術固然容易運作管理，但可能亦產生了某些分析過程缺乏效率，圖2.1中說明循序漸近式的分析流程。先以初步危害分析將製程或系統劃分為若干個製程區或次系統，個別進行必要的探討，考慮其風險等級或重大事件是否會發生，即危害衍生過程及後果（scenarios），針對高度潛在危害與中度潛在危害的製程區或次系統，再進行進一步的評估；而經細部評估後再依其定性分析的結果，決定是否要針對特定重大事件執行定量分析。

2.4　初步危害分析

對於初步危害分析的解釋有兩種不同的說法，其一為針對系統或製程生命週期而言，於早期設計規劃階段所為之危害分析，以及早找出潛在問題加以改善，避免建造或運轉後再行修改的困難；另一解釋是針對大系統或複雜的製程先進行初步的危害篩選，以找出潛在危害較高的次系統或製程區。所以，前者較適用於新設工廠，後者適用於既設工廠。「危險性工作場所審查暨檢查辦法」中指出：實施初步危害分析以分析發掘工作場所重大潛在危害，並針對重大潛在危害實施下列之一（checklist、what-if、HazOp、FMEA、FTA）之安全評估，顯然其解釋亦偏向於後者。因此，歸納而言，初步危害分析的應用對象為：

1.設計規劃期間的系統或製程，如附錄一之初步危害分析評估標準。
2.既有系統或製程需評估出其中重大潛在危害之次系統或製程區。
3.對大系統中的次系統進行簡易之風險排序。

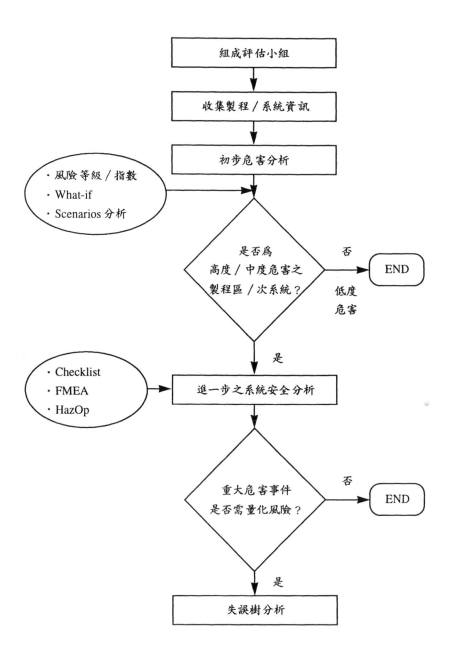

圖2.1 危害分析流程圖

以下我們將列舉幾種初步危害分析的方法，說明如何針對傳統的石化工業或化學工廠進行評估，及新興產業、電子、半導體、光電等高科技製程進行初步危害分析。另陶氏化學公司的火災爆炸指數（Dow fire and explosion index, Dow F & EI）是現今最完整的一套指數評估法，適用於重要的塔槽設備，亦在此加以介紹。

2.4.1 石化工業初步危害分析技術

初步危害分析將針對危害性物質的易燃性、易爆性、反應性、毒性等本質危害（inherent hazard）進行辨識；及針對製程操作條件，溫度、壓力、液位、組成異常或失控時之系統作用危害（interact hazard）進行評估：

1.本質危害分析，完成下列三份檢核表：
   (1)檢核表 A：物質危害檢核表。檢討化學物質的易燃性、安定性、毒性及健康危害。
   (2)檢核表 B：物質相容性檢核表。檢討化學物質間及化學品與設備材質間之相容性，是否彼此間在製程中不正常接觸會有化學反應發生？
   (3)檢核表 C：處理方法檢核表。考慮化學物質危害對裝置／製程系統設計的可能需求。
2.系統作用危害分析，評估步驟與評估標準如下：
   (1)依製程工廠實務劃分製程區域，如：反應區、後處理區、成品區、原料儲槽區等。
   (2)針對各製程區以下列問題進行檢核，符合以下任一條件即為重大潛在危害區域：
   ・Q > 20 % TQ。

- 高放熱反應：氧化（oxidation）、硝化（nitration）、鹵化（halogenation）、有機金屬化（organmetallics）、偶氮化（diazotization）、氫化（hydrogenation）、裂解／熱分解（thermal decomposition）、聚合（polymerization）、磺化（sulphonation）、縮合（condensation）。
- 製程中之組成在爆炸下限（LEL）以上，爆炸上限（UEL）以下，或濃度在此範圍附近者（操作條件於正常操作變化25％時會達爆炸範圍）。
- 具有在100℃以下熱不安定性，或與一般物質，如空氣、水、其他可能污染物接觸後起反應之物質，$P \geq$ 10psig（1.75atm.Abs）。
- T＞AIT 或為易燃性氣體。
- $P \geq 20kg/cm^2$ 或 $P \leq 500mmHg$。
- 製程中有明顯之高低壓差，ΔP；（上游高壓）≥ 4（下游低壓）。

符號說明：
- Q ：製程區域中瞬間可能出現之危險物或有害物的最大量，概估該製程區內塔槽與管線中的總量，單位為kg。
- TQ ：勞動檢查法施行細則附表一中危險物的法定限量，或附表二中有害物的法定限量。
- T ：製程區中的最大操作溫度。
- AIT ：可燃性或易燃性液體的自燃溫度。
- P ：製程區中的最大操作壓力。
- ΔP ：製程中上下游的操作壓差。

表2.2及附錄二中以石化基本原料製造乳膠的化學製程爲例，
示範說明初步危害分析。

2.4.2　Dow火災爆炸指數

　　Dow F & EI是累積了陶氏化學公司多年的操作與管理經驗，
從1964年第一版問世後，目前已發展到第七版（1994）。Dow F &
EI系統可用於決定發生於製程工廠或相關設施的實際最大損失，
即實際經驗裡最惡劣操作情況下所發生的損失，而且計算是建立在
可量化的資料基礎上。洩漏速率、物質閃火點、沸點、製程溫度、
壓力、釋壓系統，甚至設施的相關設置條件、通道、排水、防火條
件等都是考慮的因素。Dow F & EI針對不同製程區中的設備可評
估出相對的風險指標，當然亦可得到火災爆炸的財務損失參考值。

表2.2　乳膠製程初步危害分析評估結果表

製程區名稱	是否爲重大危害區域	說明
1.儲槽區	是	勞動檢查法施行細則附表一中危險物的法定限量規定丙烯腈爲20,000公斤；而本區丙烯腈最大存量25,000公斤＞4,000公斤
2.反應區	是	本區聚合反應爲高放熱反應
3.後處理區	否	本區之危險物有害物存量未達規定量之1/5；化學組成無爆炸之虞；無安定性危害之虞；操作溫度、壓力皆未達危害標準。
4.成品區	否	本區之危險物有害物存量未達規定量之1/5；化學組成無爆炸之虞；無安定性危害之虞；操作溫度、壓力皆未達危害標準。

不過本評估系統較適用於大型製程設備、塔槽（可適用的最小量爲五千磅），如處理量太少則風險有高估之虞。分析步驟如下：

1. 由製程工廠配置圖、系統流程圖與製程特性選擇適要的且對火災爆炸而言有較大影響的製程單元或次系統。例如SBR橡膠工廠可能有下列的製程單元：預重合槽、反應器、脫除器、單體回收塔、液化室、SM洗滌塔。倉庫也可視爲一個製程單元，尤其物料儲存在有防火牆之區域內，或儲存於未設防火牆之整個儲存區內，都構成一個製程單元。

2. 決定每個製程單元或次系統的物質因子，參考Dow F & EI第七版評估指引（決定以下所有因子時都必須參考評估指引，以給予應有之指數）。

3. 評估「一般製程危害」，考慮以下因素：
   (1)放熱反應。
   (2)吸熱反應。
   (3)物料處理和輸送。
   (4)封閉或室內之製程單元／次系統。
   (5)通道。
   (6)排放和洩漏控制。

4. 評估「特殊製程危害」，考慮以下因素：
   (1)毒性物質。
   (2)眞空操作。
   (3)接近或在易燃範圍中操作。
   (4)塵爆。
   (5)操作壓力與釋放壓力。
   (6)低溫（金屬材料暴露於脆性轉移溫度下之破壞變化）。
   (7)大量可燃性物質產生之燃燒熱。

(8)腐蝕和浸蝕。

(9)洩漏——接頭和法蘭墊圈。

(10)使用加熱爐。

(11)熱油熱交換系統。

(12)轉動設備。

5.前述兩項因子的乘積為「單元危害因子」（unit hazard factor），此乃量測製程單元暴露於危害的程度。而由物質因子配合單元危害因子的參數，可用以決定代表損失暴露程度的「損壞因子」（damage factor）。

6.單元危害因子和物質因子的乘積即為火災爆炸指數（F & EI），並可由陶氏化學公司的經驗決定該製程單元／次系統的潛在暴露面積。

7.估計暴露面積內所有設備的價值，並乘以「損壞因子」即為「基本的最大可能財務損失」（base maximum probable property damage, Base MPPD）。

8.由製程控制、物料隔離、消防等三方面的投入與措施，決定損失控制「可靠性因子」（credit factors）。

9.Base MPPD 加入第 8 項因素的考慮，將會獲得某些保護功能，損失將縮小，可估計為實際的MPPD。

　　評估流程如圖2.2 所示。我們以液化石油氣（LPG）球槽為例示範火災爆炸指數，F & EI ＝ 183.58，實際可能最大財產損失約為美金三百一十萬元，但營業中斷損失將達美金一千八百三十三萬元。

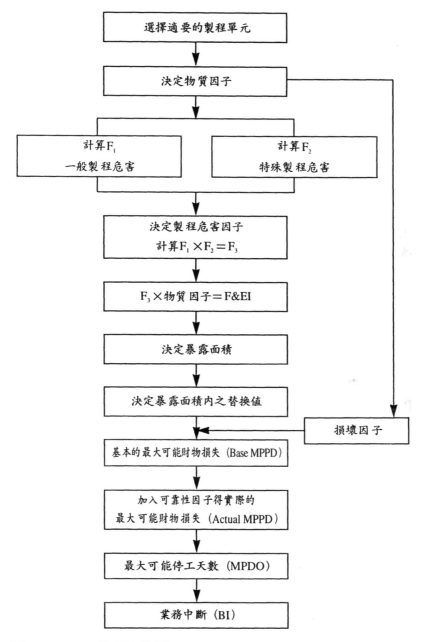

圖2.2　F & EI計算流程圖

評估表A 火災爆炸指數

◇DOW◇	地點：		日期：

工廠：	製程單元：LPG球槽	評估員：	審核員：

物質與製程

製程單元中之物質：LPG

運轉狀態：□開車 □停車 ☑正常運轉	物質因子中的基本物質：LPG

物質因子（見表1或附錄A或B） 當此單元溫度超過華氏140度時需加以備註			21

1.一般製程危害	危害點數	所取危害點數	
基本因子 ───────	1.00	1.00	
A.放熱性化學反應 （因子為0.30至1.25）			
B.吸熱性製程 　　（因子為0.20至0.40）			
C.物料處理和輸送 （因子為0.25至1.05）		0.5	
D.封閉或室內之製程單元 （因子為0.25至0.90）			
E.通道	0.35	0.35	
F.排放和洩漏控制 （因子為0.25至0.50） 221,900 加侖		0.5	
一般製程危害因子 （F₁） ─────────▶		2.35	
2.特殊製程危害			
基本因子 ─────────────────▶	1.00	1.00	
A.毒性物質 （因子為0.20至0.80）			
B.真空操作 （500 mmHg）	0.50		
C.接近或易燃範圍中操作 □惰性 □非惰性			
(1)貯槽區•貯存易燃性液體	0.50	0.5	
(2)製程異常或吹驅失效	0.30		
(3)始終處於易燃範圍	0.80		
D.塵爆 （因子為0.25至2.00）（見表2）			
E.壓力 （見圖2） 操作壓力132 Psig，釋放 壓力設定188 Psig		0.52	
F.低溫 （因子為0.20至0.30）			
G.易燃性／不穩定物質的數量：量1.03× 10⁶ lbs，Hc＝20×10³BTU/1b			
(1)製程中液體、氣體和反應性物質（見圖3）			
(2)貯存之液體或氣體 （見圖4）		1.4	
(3)貯存之可燃性固體，以及製程中之粉塵（見圖5）			
H.腐蝕和浸蝕 （因子為0.10至0.75）		0.2	
I.洩漏─接頭與填料 （因子為0.10至1.50）		0.1	
J.使用加熱爐 （見圖6）			
K.熱油熱交換系統 （因子為0.15至1.15）（見表3）			
L.轉動設備	0.50		
特殊製程危害因子 （F₂） ─────────▶		3.72	
3.單元危害因子 （F₁×F₂＝F₃） ─────────▶		8.742	
4.火災爆炸指數 （F₃×MF＝F&EI） ─────────────▶			183.58

評估表B

損失控制可靠性因子

1.製程控制 （C₁）

a)緊急動力0.98	0.98	f)惰性氣體	0.94 至0.96
b)冷卻系統0.99	0.97 至0.99	g)操作說明／程序0.98	0.91 至0.99
c)爆炸控制	0.84 至0.98	h)反應化學評估	0.91 至0.98
d)緊急停車	0.96 至0.99	i)其他製程危害分析	0.91 至0.98
e)電腦控制	0.93 至0.99		

C_1 總計 0.95 *

2.物料隔離 （C₂）

a)遙控式控制閥	0.96 至0.98	c)排水系統	0.91 至0.97
b)卸料／緊急排放系統	0.96 至0.98	d)連鎖系統	0.98

C_2 總計 1 *

3.火災防護 （C₃）

a)洩漏偵測0.94	0.94 至0.98	f)灑水系統0.97	0.74 至0.97
b)結構鋼材0.97	0.95 至0.98	g)水幕設備	0.97 至0.98
c)地下貯槽	0.84 至0.91	h)泡沫系統	0.92 至0.97
d)水源供應0.97	0.94 至0.97	i)手提滅火器／消防砲台0.97	0.93 至0.98
e)特殊系統	0.91	j)電纜防護0.94	0.94 至0.98

C_3 總計 0.78 *

可靠性因子＝$C_1 \times C_2 \times C_3$＝0.74 填入下表D項之中

單元分析摘要

A-1	F&EI	183.58
A-2	暴露半徑	154 ft
A-3	暴露面積值	$MM 5
B	損壞因子	0.84
C	基本的MPPD （A-3 ×B）	$MM 4.2
D	可靠性因子	0.74
E	實際的MPPD （C×D）	$MM 3.1
F	停工天數 （MPDO）	40 days
G	業務中斷損失 （BI）	$MM 18.33

＊為所有列出因子之乘積

2.4.3 半導體製程相對危害等級分析

　　由於半導體廠使用許多高毒性或易燃易爆之化學物質，例如：黃光微影製程中的某些光阻劑的溶劑在過去已被證實為致癌性、致畸性、影響生孕；蝕刻製程中的Cl_2、HCl、CO等氣體有毒，具腐蝕性；薄膜製程所用之SiH_4、PH_3、B_2H_6等氣體有毒，洩漏亦將立即引起火災；甚至許多清洗機台的所用的HF、H_2SO_4等有毒溶劑，一旦這些化學物質外洩，將造成極大之危害，而半導體產業界至今尚未發展出適當的初步危害分析方法，工研院環境與安全衛生技術發展中心乃參考陶氏化學公司所發展之化學暴露指數（CEI），針對半導體製程、機台及廠務特性加以研究修正後，藉由一種可相互比較和量化的方式，表達成為簡單、經驗式的等級，發展為半導體機台相對危害等級分析方法，目的在於提供一種快速而簡便的定量評估方法來計算各機台之相對風險，藉此可作為風險排序的依據。

　　根據過去意外事故的統計，造成半導體廠損失的最主要因素為化學物質外洩，而化學物質所造成的危害可分為兩類：火災與毒性。本方法即綜合考量化學物質外洩所造成之火災爆炸及毒性危害，用以評定各機台之相對危害等級大小，作為確立後續所需評估頻率和深度的基礎。

　　本方法考慮了五種因子，這些因子會影響化學物質外洩所造成之危害的嚴重性或可能性：

1.物質本質危害（健康危害／物質火災爆炸本質危害）。
2.蒸氣量。
3.通風系統。

4.製程危害。

5.人員／設備財產暴露。

　　本方法在實際之八吋晶圓廠進行試評後多次修正而成，所以已經考慮了現場實務。本方法若使用於廠務系統，其風險有低估之虞。

　　圖2.3為此半導體機台相對危害等級分析之流程圖。

1.選擇一個具有潛在火災、爆炸及毒性物質外洩之機台。

2.辨識出該機台所使用之化學物質中毒性（立即健康危害／慢性健康危害）最高之物質作為評估毒性物質暴露之物質。

3.根據附錄三之附3.1「毒性物質暴露指數」所考慮之五項危害因子分別評估每一項因子之危害等級。

4.將評估所得之五項危害等級數相乘即得到毒性物質暴露指數。

5.根據**表**2.3可將毒性物質暴露指數轉換為毒性物質暴露等級。

6.辨識出該機台所使用之化學物質中易燃性（Nf）或反應性（Nr）最高之物質作為評估火災爆炸危害之物質。

7.根據附錄三之附3.2「火災爆炸危害指數」所考慮之五項危害因子分別評估每一項因子之危害等級。

8.將評估所得之五項危害等級數相乘即得到火災爆炸危害指數。

9.根據**表**2.4可將火災爆炸危害指數轉換為火災爆炸危害等級。

10.取毒性物質暴露等級與火災爆炸危害等級較高者為機台相對危害等級；若毒性物質暴露等級與火災爆炸危害等級兩者均大於或等於3，則取較高之等級加1作為機台相對危害等級。

11.根據**表**2.5可將機台相對危害等級對應出此機台之危害程度。

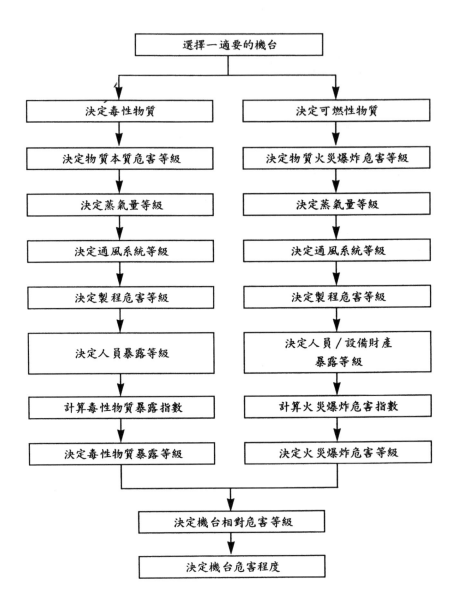

圖2.3　半導體機台相對危害等級分析流程

表2.3　毒性物質暴露等級

毒性物質暴露指數範圍	毒性物質暴露等級
0-5	0
6-15	1
16-35	2
36-70	3
>70	4

表2.4　火災爆炸危害等級

火災爆炸危害指數範圍	火災爆炸危害等級
0-10	0
11-35	1
36-60	2
61-100	3
>100	4

表2.5　機台危害程度

機台相對危害等級範圍	危害程度
0-1	低度
2-3	中度
4-5	高度

以下我們以幾個半導體製程設備為例，試用此相對危害等級分析方法。（表2.6、表2.7、表2.8、表2.9、表2.10）

這些評估方法之主要考量對象為晶圓廠或半導體薄膜製程之重大潛在危害，包括：火災、爆炸、毒性外洩等化學性危害，尚未考慮其他物理性危害因子之風險，有關物理性危害之評估可參閱附錄四。

表2.6　機台使用化學品／氣體清單

模組	機台名稱	使用化學品／氣體清單
擴散	Chemical Station	HNO_3, H_2O_2, IPA, HF(49%), NH_4OH
薄膜	PECVD	SiH_4, N_2O, N_2, PH_3, NH_3, O_2, C_2F_6
黃光	DUV Stepper	F_2(1%)

表2.7　物質安全特性表

物質	容許濃度 TWA(ppm)	容許濃度 STEL(ppm)	ERPG-2 (ppm)	蒸氣壓 (mmHg)	N_h	N_f
HNO_3	10	15	-	2.9	3	0
H_2O_2	1	2	-	5	2	0
IPA	400	500	-	33	1	3
HF	3	6	20	4.1KPa	4	0
NH_4OH	50	75	-	570	-	-
NH_3	50	75	200	gas	3	1
SiH_4	5	10	-	gas	1	4
PH_3	0.3	0.9	-	gas	4	4
F_2	1	2	-	gas	4	0

表2.8　半導體機台相對危害等級分析表（例一）

日期：87.1.5

工廠：-	評估人員：-	
模組：擴散	毒性物質：HF	可燃性物質：IPA
機台：Chemical Station	一、毒性物質暴露	二、火災爆炸危害
1.立即健康危害（0-5）／物質火災爆炸本質危害（0-4）	4	3
2.蒸氣量（1-4）	4	3
3.通風系統（1-3）	1	1
4.製程危害（1-4）	2	4
5.人員暴露（1-3）	3	3
毒性物質暴露指數／火災爆炸危害指數	96	108
毒性物質暴露等級（0-4）／火災爆炸危害等級（0-4）	4	4
機台相對危害等級（0-5）	5	
機台危害程度	高度	

表2.9　半導體機台相對危害等級分析表（例二）

日期：87.1.5

工廠：-	評估人員：-	
模組：薄膜	毒性物質：PH_3	可燃性物質：SiH_4
機台：PECVD	一、毒性物質暴露	二、火災爆炸危害
1.立即健康危害（0-5）／物質火災爆炸本質危害（0-4）	5	4
2.蒸氣量（1-4）	1	2
3.通風系統（1-3）	1	3
4.製程危害（1-4）	3	3
5.人員暴露（1-3）	3	3
毒性物質暴露指數／火災爆炸危害指數	45	216
毒性物質暴露等級（0-4）／火災爆炸危害等級（0-4）	3	4
機台相對危害等級（0-5）	5	
機台危害程度	高度	

表2.10　半導體機台相對危害等級分析表（例三）　　　　日期：87.1.5

工廠：-	評估人員：-	
模組：黃光	毒性物質：F_2	可燃性物質：-
機台：DUV Stepper	一、毒性物質暴露	二、火災爆炸危害
1.立即健康危害（0-5）／物質火災爆炸本質危害（0-4）	4	
2.蒸氣量（1-4）	1	
3.通風系統（1-3）	1	
4.製程危害（1-4）	2	
5.人員暴露（1-3）	3	
毒性物質暴露指數／火災爆炸危害指數	24	0
毒性物質暴露等級（0-4）／火災爆炸危害等級（0-4）	2	0
機台相對危害等級（0-5）	2	
機台危害程度	中度	

2.5　what-if腦力激盪法

　　what-if腦力激盪是一種完全以經驗為導向的危害分析方法，由評估小組成員以各自的專長提出許多「如果……會怎麼樣？」（what-if）的問題來挑戰製程或系統的設計或操作方式，以發掘潛在性的問題，因此what-if有以下的特性：

1.非結構性的腦力激盪。
2.需由小組來完成，由小組成員交換彼此間的專業經驗。
3.可應用於大部分的設計或操作，特別是在設計初期或規劃階段，製程／系統尚未完成清晰的定義時，其他分析方法使用上有困難。

4.小組成員的專業經驗將會嚴重影響分析結果。

所以what-if分析對於考慮因素將採開放式的問答，優點是可以激發提出更多被忽略的潛在性危害，但缺點是難於引導與規範危害分析的進行品質，尤其是對於較欠缺經驗的人員來說更是如此。表2.11為氯乙烯原料二氯乙烷製程的what-if分析示範。

2.6 檢核表分析

2.6.1 檢核之優缺點

沒有任何一種危害分析的方法是十全十美的，能夠又好用、又有效率，且能夠達到工廠各個操作階段評估的目的，檢核表分析法也不例外，以下便說明和其他分析方法比較起來，檢核表的優點與其使用上的限制。

檢核表分析的優點：

1.適用範圍廣泛。
2.分析方法簡單。
3.使用時快速容易。
4.分析成本較低。
5.可用來做為操作之訓練依據。

檢核表分析的限制：

1.如何發展出一個好的檢核表。
2.檢核表的品質會受到撰寫人經驗及專業知識的影響。

表2.11　氯乙烯單體工廠what-if分析之結果實例

what-if 分析工作表				
製程／區域：VCM工廠／EDC製程工場 執行目的：工廠設計規劃階段之安全評估 參與人員：許○○（小組長，氯廠工安人員） 　　　　　顏○○（氯廠操作工程師） 　　　　　余○○（環球公司研發部門） 　　　　　陳○○（顧問）				
如果……會怎麼樣？	後果／危害	建議	負責人員	開始執行及完成日期
1.乙烯進料受到污染	1.乙烯的典型污染物是油，油會與氯氣起激烈反應，不過，乙烯中的油量通常很少，且在反應器中有大量的二氯乙烷，會降低氯－油之反應。此外，水亦是乙烯中的可能污染物。	1.a確認高純度乙烯之可用度及供應端的可靠度。 1.b決定油－氯反應之反應動力學。查驗氯－水反應之反應動力學。	1.a乙烯專家 1.b余○○	
2.氯進料受到污染	2.水是氯的主要污染物，氯中若含大量的水會危害到氯廠之設備，並在進入VCM工廠前引起氯廠停機。小量的水不會有問題。	2.a確認氯氣供應所含之水分是非常低的。	2.a氯廠主管	
3.進料管線破裂	3.氯管線：會造成大量液氯外洩，並引起大量的氯氣蒸氣雲，有毒。 乙烯管線：會造成大量液態乙烯外洩，並引起大量乙烯蒸氣雲，可能有潛在的火災爆炸危害。	3.a考慮供應氣態氯給VCM廠。 3.b評估環球公司處理高易燃物之能力。考慮加強防火安全訓練及防護設備。 3.c考慮遙控進料。	3.a余○○ 3.b工廠消防主管、公司訓練部門主管 3.c顏○○	
4.進料比例失去平衡	4.可能發生失控反應。尚不知可操作之安全範圍。	4.a查驗各種乙烯－氯可能的進料比例之反應速率。	4.a余○○（與研究人員溝通）	

3.在設備設計的階段較難運用檢核表。

4.無法進行事故模擬、事故頻率分析或嚴重度排序。

5.不適合用來做為事故調查之依據。

2.6.2　檢核表之製作

檢核表之類型

　　檢核表基本上可以分成三種基本的類型，一種為開放式的檢核表，一種為封閉式的檢核表，另一種為混合式的檢核表。開放式的檢核表，基本上對於一個新設備或製程的分析較為有效，在應用上可將分析項目依不同的類別來做分類，然後根據法規或準則以開放式問題來做逐一的檢核；若以電子元件製造設備為例，可將其分成電力系統、化學品（氣體及液體）系統、機械系統及放射性物質系統，然後由較有經驗的製程、設備及安全工程師將這四大系統逐一依照規範檢核危害；在使用開放式檢核表時，為防止分析有所遺漏，其分析要項除了引導檢核的問題之外，還應有設備檢查結果說明、缺失點是否存在和改善建議三個要項存在。其分析格式如**表2.12**所示。

　　封閉式檢核表基本上是一種比較固定的分析工具，要檢查的項目已經完全地逐條列出，檢核時並不需要太多的技巧，其內容包括檢查項目和是否有符合檢查基準的兩大主要欄位，有時還會註明檢查方法和結果說明；此種檢核表之檢查項目皆早已由專人設計完成，因檢查之項目完整且固定，故較適合於一般的例行性檢查。其分析的格式如**表2.13**所示。

　　至於混合式的檢核表，則綜合上述兩種形式，其內容包括了檢查問題項目、是否符合檢查之欄位、檢查結果說明及改善建議等事

表2.12 開放式之檢核表分析

問題	檢查結果說明	缺失點	改善建議
1.電力系統 　a. 　b. 　c.規範要求之問題 　d. 　　： 　　：			
2.化學品（氣體／液體） 　a. 　b. 　c.規範要求之問題 　d. 　　： 　　：			
3.放射性物質 　a. 　b. 　c.規範要求之問題 　d. 　　： 　　：			
4.機械系統 　a. 　b. 　c.規範要求之問題 　d. 　　： 　　：			

表2.13　封閉式之檢核表分析

檢查項目		正常	異常	改善建議
鍋爐本體	1.胴體（或上、下汽水鼓）有無損傷變形	☐	☐	
	2.爐筒有無損傷過熱或壓潰膨出	☐	☐	
	3.煙管或水管有無局部過熱或漏	☐	☐	
	4.外殼、磚壁、保溫有無損傷、鬆弛龜裂	☐	☐	
燃燒裝置	1.燃料油加熱器有無損傷	☐	☐	
	2.燃料輸送泵及管有無損傷	☐	☐	
	3.噴燃器有無損傷及污染	☐	☐	
	4.過濾器有無損傷及堵塞	☐	☐	
	5.燃燒器及爐壁有無損傷及污染	☐	☐	
	6.煙道有無洩漏、損傷及風壓異常	☐	☐	
自動控制裝置	1.自動起動停止裝置機能有無異常	☐	☐	
	2.火焰檢出裝置有無異常	☐	☐	
	3.燃料切斷裝置有無異常	☐	☐	
	4.水位調節裝置有無異常	☐	☐	
	5.壓力調節裝置有無異常	☐	☐	
	6.電氣電線端子有無異常	☐	☐	
附屬裝置	1.給水裝置有無損傷及作動狀態是否正常	☐	☐	
	2.蒸氣管及停止閥有無損傷及保溫狀態	☐	☐	
	3.壓力錶及水位計是否正常	☐	☐	
	4.安全閥性能是否正常	☐	☐	

項。混合式的檢核表於分析使用時，除依循其問項外，亦可由評估人員之專業經驗引申其問項涵義，並在檢查結果說明欄中作出進一步的解釋，發揮腦力激盪的功效，以檢核出更多的潛在問題。其格式如**表2.14**所示。

表2.14 混合式之檢核表分析（化學物質 hook-up 管路之啟用）

檢查項目	是	否	不適用	檢查結果說明	改善建議
1. 管路工程已配置完成。	□				
2. 溶劑管路應為不銹鋼管，而非金屬鐵管。	□		□		
3. 溶劑管路有不銹鋼外套管，以防洩漏。	□		□		
4. 腐蝕化學物質管路應為塑膠類管，而非金屬管。	□		□		
5. 腐蝕化學物質管路應安裝塑膠類外套管。	□		□		
6. 外套管有洩漏收集箱及洩漏偵測器。	□		□		
7. 偵測器有警報系統與控制室相通。	□		□		
8. 化學物質輸送源頭有自動遙控關閉閥，可以在生產中遙控關閉。	□		□		
9. 管路已測試完畢，無任何洩漏。	□		□		
10. 外套管已測試完畢，無任何洩漏。	□		□		
11. 原則上，每十公尺要有化學品（中英文）標示。	□		□		
12. 主管供化學物質前，所有 submain 閥及管端閥口已確實關閉。	□	□	□		
13. 供安化學物質後「化學物質供應中，危險勿動」等警告掛牌，掛於管路上。	□	□	□		
14. 管路內部均已清洗乾淨，已達送化學物質之規定。	□	□			

檢查結果：

是否可正式啟用管路？ □ 是　□ 否

監工人員：＿＿＿＿＿＿　日期：＿＿＿＿＿＿

工安人員：＿＿＿＿＿＿　日期：＿＿＿＿＿＿

品管人員：＿＿＿＿＿＿　日期：＿＿＿＿＿＿

如何設計檢核表

基於產業製程多變的特性，當一個新的製程被發展出來時，可能沒有一份適合的檢核表，此時，如何在最短的時間內設計出一份最適合自己的檢核表，便顯得十分重要。

設計一份適用的檢核表，需要下列幾個要項：

1. 找出相關的政府法規、公司安全規範及產業共同標準。
2. 準備好工程設計及使用化學品之文件。
3. 了解操作程序及實際操作情形。
4. 有經驗的製程、設備及安全工程師。

當上述各個要項皆備齊時，即可依照開放式檢核表的原則來逐一討論檢查項目，當檢核項目準備完畢後，如試評無誤，可將此開放式檢核表改成混合式或封閉式檢核表之形式，以便節省檢核表分析時間。圖2.4說明了檢核表的製備流程。

我們可以針對不同製程、不同操作，或不同的分析對象設計各種不同的檢核表，以做為危害分析使用。一般可以設計出下列各種不同的檢核表：

1. 製程。
2. 設備或機台。
3. 廠務系統或公用系統（如化學品供應、電力系統、無塵室空調、純水、廢水、儀器空氣、氮氣、特殊氣體）。
4. hook-up系統。
5. 操作。
6. 維修。
7. 人員安全。

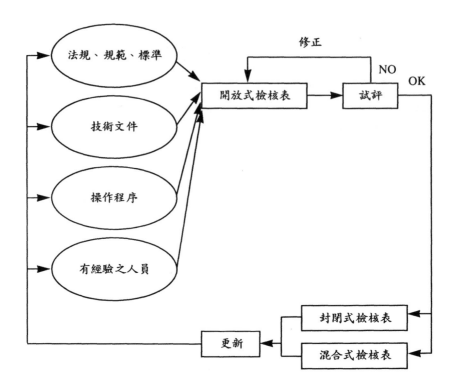

圖2.4 檢核表製備流程

8.消防。

9.環保。

10.管理與政策等等。

2.7 失誤模式與影響分析

　　FMEA 是評估製程中設備可能失效或不當操作之途徑及其影響的分析方法。分析人員可依據這些故障之描述，作為改善系統設計

的基礎資料。分析人員在進行FMEA時會對設備可能產生的失誤與其潛在的影響作一詳細的描述，如果不針對這些失誤進行改善或對其可能的影響進行預防，則系統雖然順利運轉，但這些潛在的失誤仍有可能會發生，進而造成財產損失或人員傷亡。

失誤模式旨在描述設備的失誤情況（如：全開、關閉、啓動、停止運轉、洩漏等等），而失誤模式的影響則由系統對設備失誤的回應狀況來決定，因此，人爲操作上的錯誤通常不直接由失誤模式與影響分析技術來檢討，不過，因人爲錯誤所導致誤操作之結果通常是一設備的失誤模式。至於要無遺漏地列出會導致事故發生之設備失誤的結合模式，失誤模式與影響分析並不是一個很有效的分析技術，因爲FMEA是以設備元件的失誤模式來引導危害分析之進行，不似HazOp是利用製程偏離（process deviation）來進行危害分析，故HazOp所探討的空間較FMEA來得大，除了設備元件故障外，更廣及於人爲失誤、材料劣化、上下游製程單元之影響、公用系統失常、操作程序設計不當等。

2.7.1　目的

失誤模式與影響分析之目的在於鑑認單一設備和系統的失誤模式，以及每一個失誤模式對系統或工廠的潛在影響，並提出可增加設備可靠度之改善建議，藉以提升製程的安全性。

2.7.2　資訊需求

在進行失誤模式與影響分析時，應先蒐集下列數據和資料：

1.設備清單或管線和設備儀器圖（P & ID）。

2.設備功能和失誤（故障）模式之相關資訊。

3.系統或工廠功能及回應設備失誤之相關資訊。

失誤模式與影響分析可由單一人員來執行，但其分析結果應由其他人員來審核，以確保分析的完整性。至於分析人員數目的多寡則取決於欲分析系統或工廠設備的大小規模及複雜度，不過，分析人員對於設備的功能、設備的失誤模式，以及這些失誤對系統或工廠的影響應有相當程度的了解。

執行失誤模式與影響分析所需之經費和時間與欲分析之製程的規模及設備元件的數目成正比，一般來說，一個小時大概可分析二至四個設備，**表**2.15為執行失誤模式與影響分析所需的時間估計。

2.7.3　分析步驟

FMEA 之分析步驟可分為：(1)界定研究問題；(2)進行分析；(3)記錄結果（撰寫報告）。

界定研究問題

此步驟乃是確認FMEA之研究項目及其狀態，問題之界定需包括：(1)建立尋求答案之層次；(2)界定分析之邊界條件（boundary conditions）。

表2.15　執行失誤模式與影響分析所需的時間估計表

	準備	評估	撰寫報告
簡單或小規模之系統	2-6小時	1-3 天	1-3 天
複雜或大規模之系統	1-3 天	1-3 週	2-4 週

問題解答之層次取決於FMEA對問題界定之詳細程度，如想描述整個工廠的危害，FMEA應著重在個別系統上的失誤模式及其可能的影響。例如：FMEA可能著重在進料系統、批式混合系統、氧化系統、產品分裝系統及各類供應系統上。當考量系統上的危害時，FMEA則應著眼在系統中各類設備元件之失誤模式及其可能的影響，例如：考量氧化系統溫度控制失效之情況時，FMEA應分析其進料泵、冷卻水泵、冷卻水控制閥、溫度感測器及相關儀錶／控制器。當然系統或設備之影響亦有可能危及至整個工廠。

建立系統之分析邊界，包括：(1)失誤模式、操作結果，及排除或不予考慮的安全防護；(2)設備之最初操作狀態或位置，如閥在正常運作下是關著或是開著等。

進行分析

FMEA需以一慎重且系統化之方法來進行，以降低遺漏之可能性及增加結果之完整性。為確保分析之完整性及效率，應有一合適的表格以記錄FMEA之結果。製作FMEA表可由系統或製程流程圖（PFD或P & ID）之系統邊界開始，並依製程流程路線之設備元件依序作系統化的評估，所有的設備元件均須評估，每一元件或系統之所有失誤模式均評估完畢後，方可進行下一設備元件或系統的評估。以下項目應依序記入FMEA表：

1. 製程設備：此乃唯一對系統、製程或區域之設備的鑑認方式，在於區別出同一系統中執行不同功能但類似的或相同型式的設備。
2. 設備之描述：設備描述應包括設備之型式、操作型態及其他參數（如高溫、高壓或腐蝕型態），這些與失誤模式及影響有關，例如：閥之描述可用「動力操作閥，正常是開著，連

接於3-in硫酸管線上」。對每一設備之描述並不需一致。

3. 失誤模式：分析每一設備所有可能的失誤模式，分析人員不僅要考慮設備之正常操作狀況，亦應考慮備用之狀況，例如正常是關著的閥，其失誤可能有：

(1)無法打開（fails to open when require）。

(2)誤開（inadvertently moves to an open position）。

(3)外洩（leaks to the environment）。

(4)內漏（leaks internally）。

(5)破裂（ruptures）。

表2.16有某些設備之失誤例子可供參考。分析人員應考量所有可能的失誤模式，然後才能描述可能造成的影響。

2.7.4　乾蝕刻廢氣洗滌設備分析範例

簡介

本洗滌設備設計用來移除乾蝕刻製程廢氣中的有害氣體一氧化碳（但無法去除CHF_3和CF_4等），此設備應安裝於蝕刻反應器之廢氣泵浦的下游。機櫃中的空氣和洗滌設備處理過的廢氣分別排至中央排氣管和製程排氣管。

洗滌設備描述

本洗滌設備爲一整合性設備，其中主要包含了R-1和CO氧化反應器。如圖2.5所示，由廢氣泵浦輸送來之廢氣中的酸氣（會使CO氧化觸媒中毒）被R-1移除，然後R-1處理過之氣體再與O_2一起送至CO氧化反應器，CO在此經過觸媒並加熱至170℃而被氧化

表2.16　設備元件之失誤模式

設備元件	失誤模式
塔、槽、氣液分離罐 (vessel, drum, knockout pot)	· 外漏　(external leak) · 破裂　(external rupture) · 阻塞　(pluggage) · 蛇管洩漏　(coil leak) · 蛇管破裂　(coil rupture) · 蛇管結垢　(coil fouled)
反應器 (reactor)	· 外漏　(external leak) · 破裂　(external rupture) · 龜裂　(liner cracked) · 蛇管洩漏　(coil leak) · 蛇管破裂　(coil rupture) · 蛇管結垢　(coil fouled)
洗滌塔 (scrubber column)	· 外漏　(external leak) · 破裂　(external rupture) · 盤破裂　(tray rupture) · 盤阻塞　(tray plugged) · 填充床阻塞　(packed bed plugged) · 床支架倒塌　(bed support collapsed) · 接觸面髒　(contacting surface fouled) · 靜電板失效　(electrostatic plate fails off) · 靜電板短路　(electrostatic plate shorted) · 靜電板結垢　(electrostatic plate fouled)
除霧器 (demister)	· 外漏　(external leak) · 破裂　(external rupture) · 網阻塞　(mesh plugged) · 網破洞　(hole in mesh)
熱交換器 (heat exchanger)	· 殼側洩漏　(shell leak) · 殼側破裂　(shell rupture) · 殼側阻塞　(shell plugged) · 管側洩漏　(tube leak) · 管側破裂　(tube rupture) · 管側阻塞　(tube plugged) · 管側結垢　(tube fouled)

（續）表2.16　設備元件之失誤模式

設備元件	失誤模式
接觸乾燥器 （contact dryer）	・外漏（external leak） ・破裂（external rupture） ・乾燥劑阻塞（desiccant plugged） ・乾燥劑飽和（desiccant saturated）
泵浦 （pump）	・外漏（external leak） ・破裂（external rupture） ・啓動失效（fails to start） ・運轉中故障（fails off while running） ・過早啓動（started prematurely） ・運轉時間太長（operates too long） ・退化運轉，如：太快、太慢等等（operates at degraded head/flow performance: too fast, too slow, etc.）
管／軟管 （pipe/duct/hose）	・外漏（external leak） ・破裂（external rupture） ・阻塞／紐緊（plugged/kinked）
過濾器 （filer/strainer）	・外漏（external leak） ・破裂（external rupture） ・內部零件破裂（internal element rupture） ・零件阻塞（element plugged）
釋壓裝置 （relief devices）	・外漏（external leak） ・破裂（external rupture） ・阻塞（plugged） ・無法開啓（fails to open on demand） ・無法關閉（fails to re-seat） ・過早打開（opens permaturely） ・過早關閉（closes permaturely）
感測器元件 （sensor element）	・外漏（external leak） ・破裂（external rupture） ・接栓阻塞（tap plugged） ・無輸出訊號（fails with no output signal） ・輸出訊號過低（fails with a low output signal） ・輸出訊號過高（fails with a high output signal） ・對輸入訊號之改變無回應（fails to respond to an input change） ・假輸出訊號（spurious output signal）

設備元件	失誤模式
發電機 （generator）	· 高電壓（high voltage） · 低電壓（low voltage） · 高電流（high current） · 低電流（low current） · 過早啓動（started prematurely） · 運轉時間太長（operated too long）
導電線／匯流線（盤） （conductor/bus）	· 不應開而開（fails opened） · 接地短路（shorts line to ground） · 短路（shorts line to line）
電路機板 （circuit board）	· 不應開而開（fails opened） · 接地短路（shorts line to ground） · 短路（shorts line to line） · 假輸出訊號（spurious output signal）
變壓器 （transformers）	· 無輸出電壓／電流（fails with no output voltage/current） · 輸出電壓／電流過高（fails with a high output voltage/current） · 輸出電壓／電流過低（fails with a low output voltage/current）
不斷電電力供應系統 （uninterrupptible power supply, UPS）	· 無輸出電壓／電流（fails with no output voltage/current） · 傳輸失效（fails to transfer correctly） · 輸出電壓／電流過低（fails with a low output voltage/current） · 太早啓動（started prematurely） · 運作時間太長（operates too long）

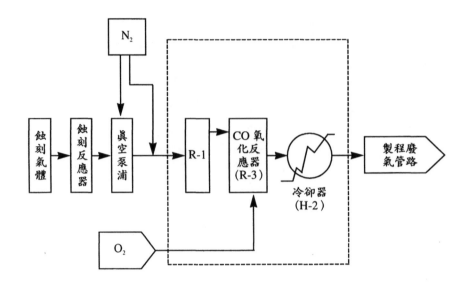

圖2.5　洗滌設備之方塊流程圖

成CO_2。當R-1或CO氧化反應器使用期限已到，他們的終點指示器會改變顏色表示R-1或CO氧化反應器應該更換了，一旦R-1使用到期就應立即更換，否則CO氧化反應器的觸媒會因而退化。**圖2.6**為洗滌系統之管線儀器圖（P & ID）。**表2.17**、**表2.18**為系統之儀錶和連鎖系統之作動功能說明。FMEA之示範分析部分記錄於**表2.19**。

2.8　危害與可操作性分析

危害與可操作性（HazOp）分析技術是1961年由ICI化學公司所發展出來的評估方法，基本的進行模式是由幾個不同背景的專業人員以一種創造性、系統性的方式相互交換意見，並將所得到的結

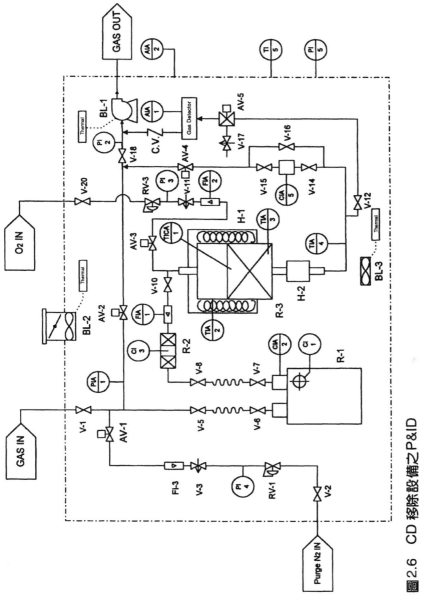

圖 2.6 CD 移除設備之 P&ID

表2.17　儀錶和連鎖系統

編號	警報	説明	警報設定點	作動
TICA-1	L	CO氧化反應器的溫度	150℃	SD-2
	H		250℃	SD-1
TIA-2	H	CO氧化反應器的加熱器溫度	400℃	SD-1
TIA-3	H	CO氧化反應器的出口溫度	250℃	SD-1
TIA-4	H	冷卻器出口溫度	60℃	SD-1
TI-5		機櫃內空氣溫度	40℃	
PIA-1	H	進口廢氣的壓力	-50mmH$_2$O	警報
	HH		2,000mmH$_2$O	SD-4
PI-2		出口廢氣的壓力		
PI-3		CO氧化所需O$_2$的壓力		
PI-4		管線吹驅所需N$_2$的壓力		
PI-5		機櫃中空氣的壓力		
FIA-1	L	廢氣的流量	25 1/min	警報
FIA-2	L	CO氧化所需O$_2$的流量	5 1/min	SD-3
CI-1		R-1的顏色指示器	紫色→黃色	
CIA-2	A	R-1的終點指示器	紫色→黃色	SD-2
CI-3		CO觸媒保護器的顏色指示器	紫色→黃色	
CIA-5	A	出口廢氣的顏色指示器	黃色→綠色	SD-2
AIA-1	H	出口廢氣的CO濃度	20ppm	SD-2
AIA-2	H	機櫃中空氣的CO濃度	20ppm	SD-2
BL-1	A	廢氣鼓風機	過熱跳車點	SD-4
BL-2	A	機櫃抽氣風扇	過熱跳車點	警報
BL-3	A	H-2之冷卻風扇	過熱跳車點	警報

表2.18　連鎖系統作動

SD-1	停止CO；AV-5切換至機櫃側；切斷加熱器電源
SD-2	完成此批晶圓後停止CO；AV-5切換至機櫃側
SD-3	完成此批晶圓後停止CO；AV-5切換至機櫃側；關閉AV-3
SD-4	完成此批晶圓後停止CO；AV-5切換至機櫃側；打開AV-1/AV-2

表2.19 失誤模式與影響分析工作表

項目	設備元件	失誤模式	影響	防護措施	改善建議
1.1	氣動閥 (AV-1)	無法開啟	廢氣中CO濃度過高，下游氧化設備有潛在火災爆炸之危害。	FI-3、PI-4、FIA-1、TICA-1、TIA-2/3/4可連鎖切斷進料及加熱源。	
1.2		無法關閉	浪費氮氣，無安全顧慮。		
1.3		開度不正確	無安全顧慮。	氮氣管線上游有FI-3可調節氮氣流量。	
1.4		過早打開	浪費氮氣，無安全顧慮。		
1.5		過早關閉	廢氣中CO濃度過高，下游氧化設備有潛在火災爆炸之危害。	FI-3、PI-4、FIA-1、TICA-1、TIA-2/3/4可連鎖切斷進料及加熱源。	
1.6		外漏	浪費氮氣，無安全顧慮。	本系統非於密閉空間操作。	
1.7		內漏	浪費氮氣，無安全顧慮。		
2.1	軟管	外漏	毒性及易燃性氣體外洩，若遇火可能造成火災爆炸人員傷亡。	BL-2可將洩漏氣體抽至主洗滌塔，箱櫃有PI-5可監視內壓。	於箱櫃裝設高壓連鎖系統可速鎖關斷進料。
2.2		破裂	毒性及易燃性氣體外洩，若遇火可能造成火災爆炸及人員傷亡。	BL-2可將洩漏氣體抽至主洗滌塔，箱櫃有PI-5可監視內壓。	於箱櫃裝設高壓連鎖系統可速鎖關斷進料。

(續) 表2.19　失誤模式與影響分析工作表

項目	設備元件	失誤模式	影響	防護措施	改善建議
2.3		阻塞／扭緊	易造成接頭脫落或軟管破裂，毒性及易燃性氣體外洩，若遇明火源，可能造成火災爆炸及人員傷亡。	BL-2 可將洩漏氣體抽至主洗滌塔，箱櫃有PI-6 可監視內壓。	於箱櫃裝設高壓連鎖系統可連鎖關斷進料。
3.1	R-1 酸氣脫除終點指示器指示器(CIA-2)	指示器故障未變色	R-3 觸媒失效，CO 氧化效率降低，可能造成CO 外洩，有潛在火災爆炸之危害。	定期檢視CI-1/CIA-2 顏色指示，並定期更換觸媒。有AIA-1-1 高CO 濃度警報。	於R-3 出口廢氣CO 高濃度時，考慮將AIA-1-1 訊號連鎖切斷設備進氣並供應氣氣稀釋。
3.2		指示器故障過早變色	提早更換觸媒，影響生產效率。	有CI-1 及CI-3 可多重檢視。	
4.1	溫度控制器(TICA-1)	於較低定點作動	CO 氧化效率降低，可能造成CO 外洩，有潛在火災爆炸之危害。	TIA-2/TIA-3 溫度指示。有AIA-1-1 高CO 濃度警報。	於R-3 出口廢氣CO 高濃度時，考慮將AIA-1-1 訊號連鎖切斷設備進氣並供應氣氣稀釋。
4.2		於較高設定點作動	R-3 氧化反應劇烈，造成設備／管線受損，嚴重時廢氣外洩，有潛在火災爆炸之危害。	TIA-2/TIA-3 高溫警報可連鎖切斷設備進氣及電源供應。	

(續) 表2.19　失誤模式與影響分析工作表

項目	設備元件	失誤模式	影響	防護措施	改善建議
4.3		於較低設定點關閉	CO氧化效率降低，可能造成CO外洩，有潛在火災爆炸之危害。	TIA-2/TIA-3溫度指示。有AIA-1-1高CO濃度警報。	於R-3出口廢氣CO高濃度訊號速時，考慮將AIA-1-1速感氧氣進設備鎖切斷並供氧稀釋。
4.4		於較高設定點關閉	R-3氧化反應劇烈，造成設備/管線受損，嚴重時廢氣外洩，有潛在火災爆炸之危害。	TIA-2/TIA-3高溫警報可連鎖切斷設備進氧氣及電源供應。	
4.5		於加熱時無輸出訊號	R-3氧化反應劇烈，造成設備/管線受損，嚴重時廢氣外洩，有潛在火災爆炸之危害。	TIA-2/TIA-3高溫警報可連鎖切斷設備進氧氣及電源供應。	
4.6		於關閉時無輸出訊號	CO氧化效率降低，可能造成CO外洩，有潛在火災爆炸之危害。	TIA-2/TIA-3溫度指示。有AIA-1-1高CO濃度警報。	於R-3出口廢氣CO高濃度訊號速時，考慮將AIA-1-1速感氧氣進設備鎖切斷並供氧稀釋。

果整合起來，這種方式比起每個人獨自工作的方式可以辨識出較多的問題。儘管HazOp技術原來是設計用來評估新的設計或技術，但它亦可應用於工廠規劃和操作的任何階段。

　　HazOp技術的本質是利用一系列的會議來檢視製程設計圖樣和操作程序，在會議中，一個包括各種學科背景成員的小組，運用指定的方式，有系統地來評估各種偏離正常設計值的偏差及其嚴重性，ICI公司本來定義HazOp分析技術必須由一個各學科背景的人所組成的小組來執行。因此，若危害分析僅由一個人利用HazOp原則來完成，則此研討不能稱作HazOp分析。所以HazOp分析技巧與其他危害評估方法是有區別的，因爲其他的方法可由單獨一人來執行，而HazOp分析必須由一個小組利用特殊的技巧來完成。

　　HazOp分析必須藉助腦力激盪，其主要優點爲可以刺激創造性，並且產生新的點子，這種創造性導因於一個具有各種不同背景的小組成員彼此相互的經驗交流。所以，這個分析需要所有參與者自由地發表看法，但應避免批評其他人，否則將會使創造性被壓制。在檢視危害情況時，這種具有創造性的方式，加上利用有系統的或結構化的方式將可使整個研討進行得更徹底而不致有所疏漏。

　　HazOp研討集中於製程或操作的特定點上，稱爲「研討節點」（study nodes）、製程區段或操作步驟。HazOp小組以一次一個的方式檢驗每個區段或步驟，找出具有潛在危害的偏離（deviation），這些偏離是由一組已建立的引導字（guidewords）所定義出。使用引導字的主要目的是要確保所有與製程參數有關的偏離均被評估。對於每一區段或步驟，小組有時會考慮相當多的偏離（即十至二十個），並且辨識它們可能的原因和後果。

　　HazOp分析研討可在新的專案計畫或既存的工廠上執行。對於新的計畫，當製程設計完全確定時，最好進行一次HazOp分析。通常來說，製程之P & ID完成，即是執行HazOp的最佳時機，所

以評估小組可以針對在HazOp分析過程中提出的問題明確地陳述有意義的解答，同時也可以在不用遭受重大損失的情況下改變設計。然而，HazOp分析研討也可在製程設計的早期來執行，只要小組成員有足夠的製程資料和知識作為分析時的基礎。但在早期階段所執行的HazOp分析不應取代針對細部設計的徹底的設計評估。

儘管基本的HazOp分析已完善建立，但運用的方式可能隨著製程而改變。表2.20列出通常在HazOp分析中所使用的術語和定義。表2.21所示之引導字為ICI最初所發展用於HazOp研討之引導字，並且運用在表2.22所示之製程參數上。

在ICI最初的探討中，每個引導字和相關的製程參數互相組合，並應用至所檢討之製程的每一點（研討節點、製程區段或操作步驟）。以下為一利用引導字和製程參數創造出來的偏離的例子：

引導字（guideword）	參數（parameter）	偏離（deviation）
無 +	流量 =	無流量
較多 +	壓力 =	高壓
不僅……又 +	一相 =	兩相
除……之外 +	操作 =	維修

引導字同時被應用於較一般的參數（如反應、混合）以及較特定的參數（如壓力、溫度）。用在一般的參數時，從一個引導字的應用得到不只一個偏離情況經常出現。舉例來說，「較多反應」可能意味反應以較快的速率進行，或者產生較大量的產物。在另一方面，有些引導字和參數的組合將產生沒有意義的偏離（如「不僅……又」和「壓力」）。（表2.23）

用在特定的參數時，可能需要將引導字做些修改。此外，分析者常常會發現某些潛在的偏離由於物理上的限制而變得不恰當。舉

表2.20　HazOp分析的術語

術語	定義
製程區段（或研討節點）	具有明確界限的設備區段（如兩容器間的管線），在這界限內檢討製程參數的偏離。或者P&ID圖上的一個地方（如反應器），在此處檢討製程參數的偏離。
操作步驟	被HazOp分析小組所分析之批式製程或操作程序其中的間斷動作。可能是手動、自動或軟體執行的動作，應用在每一步驟的偏離分析與用在連續製程的偏離分析有點不同。
目的	在沒有偏離的情況下，工廠被預期如何操作的定義，有許多種形式來表達，可能是描述性的或圖表的（如製程描述、流程圖、管線圖、P&ID）。
引導字	用來描述或量化表示設計目的的簡單字詞，并用來引導和刺激腦力激盪的程序以辨識製程危害。
製程參數	與製程相關之物理或化學性質。包括一般的項目如反應、混合、濃度、pH和特定的項目如溫度、壓力、相（phase）和流量。
偏離	遠離設計目的，經由以下方法來發現潛在問題，即藉著有系統地將引導字應用至製程參數，形成一群可能引發危害的原因（如無流量、高壓等），以供小組來評估每個製程區段。
原因	偏離發生的理由，一旦偏離顯示有一個可信的原因，即被認為是有意義的偏離，這些原因可能是硬體故障、人為失誤、不預期的製程狀況（如組成改變）、外界失常（如停電）等等。
後果	偏離的結果（如毒性物質外洩）。通常小組假設有用的保護系統失效。較輕微的後果不被考慮。
防護措施	工程的系統或管理上的控制，設計來防止原因發生或減輕偏離的後果（如製程警報、連鎖系統、緊急操作程序）。
改善建議	對於設計修改、程序改變或進一步研討範圍的提議（如增加一套壓力警報或調整兩個操作步驟的順序）。

表2.21 HazOp 分析的引導字與意義

引導字	意義
無（no）	完全不具備設計目的
較少（less）	定量的減少
較多（more）	定量的增加
只有部分（part of）	定性的減少
不僅……又（as well as）	定性的增加
相反（reverse）	與設計目的邏輯上相反
除……之外（other than）	完全取代

表2.22 HazOp 分析製程參數

流量	時間	頻率	混合
壓力	成分	黏度	加成
溫度	pH 值	電壓	分離
液位	速度	資訊	反應

表2.23 HazOp 分析中常用之製程偏離

引導字 製程偏離 參數	高	低	無	反	只有部分	不僅又	完全取代
流量	高流量	低流量	無流量	逆流	組成錯誤	雜質	錯誤物質
壓力	高壓	低壓	真空				
溫度	高溫	低溫					
液位	高液位	低液位	無液位		分離不良		
反應	高反應	低反應	無反應			其他反應	錯誤反應
其他							

例來說，如果考慮溫度參數，引導字「較多」或「較少」可能是唯一需要考慮的。

下列為原始引導字的另一種有用的解釋：

1. 當考慮時間時，「除……之外」可解釋為較早（快）或較晚（慢）。

2. 當考慮位置、來源或目的地時，「除……之外」可解釋為其他的地方。

3. 當考慮液位、溫度或壓力時，「較多」和「較少」可解釋為較高或較低。

HazOp 分析的流程如圖2.7所示，其評估研討過程須作有效且完整的記錄，可作為後續追蹤稽核的依據，因此，也是目前最被廣泛使用的製程安全評估方法，其方法之全貌如圖2.8。

以下以液氯輸送管線分析案例進行示範：

為了增加製程產量，XYZ公司在九十噸液氯儲槽（Cl$_2$ storage tank）和反應器進料槽（feed tank）間安裝了一條新的進料管線，在每一個批次之前，控制室的操作員必須將一噸的液氯送入進料槽，新加入的管線可使操作員在約一小時內完成這項工作。氮氣壓力可用來推動液氯流經這條一英里長、未絕緣保溫、焊接的無縫管線。儲槽和進料槽均在常溫下操作。其流程如圖2.9所示。

為了輸送液氯，操作員將PCV-1設定於需求之壓力，打開HCV-1，並檢驗進料槽之液位是否上升（HCV-2在每一個批次間均保持開啟狀態，所以液氯不會存留在這條管線中），當高液位警報發出訊號表示一噸的氯液已經輸送完成時，操作員將HCV-1和PCV-1關閉。

如果製程因任一原因而導致停車，液氯必須從管線中吹驅出來，在控制室之操作員關閉HCV-1和HCV-2之後，現場的操作員

關閉手動阻閥並且打開至洗滌塔（scrubber）的管線，在冷天或檢修進料管線時，現場的操作員也將慢慢地打開氮氣吹驅（N₂ purge）以便清除管線中殘留的液氯（必須慢慢吹驅，否則洗滌塔將無法完全中和大量的液氯，在洗滌塔的排放管中有一氯氣偵測器），現場操作員關閉洩放閥（及吹驅閥）並且於製程操作需要繼續時再次打開手動阻閥。

辨識潛在之液氯洩漏危害和與新的進料管線相關的製程偏離。分析結果記錄如**表**2.24。

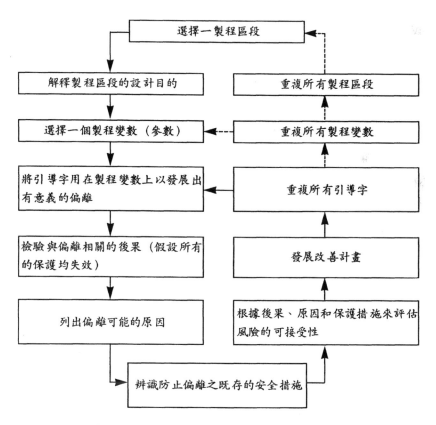

圖2.7　HazOp 分析方法流程圖

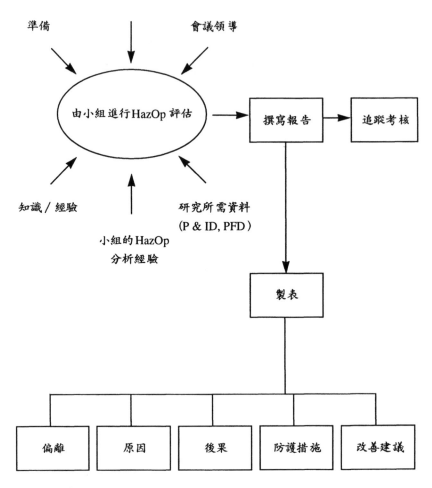

圖2.8 HazOp分析技巧概觀

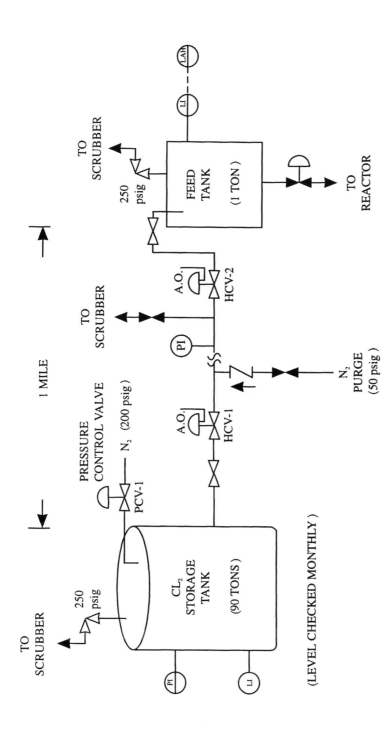

圖2.9 液氯進料管線儀器圖

表2.24 危害與可操作性分析工作表

製程名稱：液氣儲槽區
管線或設備描述：1.0 管線—從儲槽至進料槽之液氣供應管線
所含管線與設備編號：×××
圖號：CFL-1

項目	製程偏離	可能原因	可能後果	防護措施	改善建議
1.1	高流量(high flow)		1.無重大影響		
1.2	低／無流量(low/no flow)	1.操作員未打開HCV-1和HCV-2 2.HCV-1(或HCV-2)故障關閉 3.HCV-1(或HCV-2)部分打開 4.液氣儲槽低壓力(氮氣系統故障，PCV-1設定太低) 5.操作員於吹驅管線至滌塔後未將兩手動隔離閥打開 6.錯誤方向流動(項目1.5)	1.生產延遲	1.進料槽有液位指示計 2.儲槽有壓力指示計	01 考慮於HCVs和洩放閥安裝限制開關 02 考慮於進料管線加裝流量指示器

(續) 表2.24 危害與可操作性分析工作表

項目	製程偏離	可能原因	可能後果	防護措施	改善建議
1.3	流動時間過長 (long flow duration)	1. 進料槽液位指示故障——錯誤之低讀數 2. HCV-1 故障大開 3. HCV-1 洩漏 4. 操作員未關HCV-1 5. 反應器進料閥故障大開或洩漏	1. 進料槽高液位,導致氯經由安全閥洩放至洗滌塔 2. 過量氯導致不合格之反應成品	1. 進料槽有液位指示和高液位警報 2. 重複的隔離閥(HCV-2)(已設計成AO,即fail closed) 3. 洗滌塔的排放管線有氯氣偵測器	03 考慮於進料槽安裝一重複的高液位警報器 04 確認進料槽洩放口設計是針對液氣洩放而設計的,且尾管可忍受液氣所造成之自動冷卻驟沸 05 考慮於HCV-1與反應器進料閥裝置連鎖裝置,使兩閥無法同時開啟
1.4	流動時間過短 (short flow duration)	1. 進料槽液位指示故障——錯誤之高讀數 2. HCV-1 或HCV-2 故障關閉 3. 操作員過悠而太早關閉HCV-1 或HCV-2 4. 液氯儲槽低液位 5. 液氯儲槽低壓力(氮氣系統故障,PCV-1故障關閉)	1. 進料槽中不足的氯導致不合格之反應成品	1. 進料槽有液位指示 2. 操作員每月檢查儲槽液位	06 考慮每週檢查儲槽液位 07 考慮於控制室加裝儲槽液位指示器

（續）表2.24 危害與可操作性分析工作表

項目	製程偏離	可能原因	可能後果	防護措施	改善建議
1.5	錯誤方向流動 (skipped/missing)	1.操作員於吹驅後因疏忽而未關氮氣阻閥 2.操作員於吹驅後因疏忽而未關液氮放閥	1.低／無流量（項目1.2）2.氣回流至氮氣系統；會有潛在的設備損壞和氣外洩至環境之危害 3.液氮洩放至洗滌塔	1.氮氣管線有逆止閥 2.洗滌塔的排放管線有氧氣偵測器	08 考慮增加吹驅氮氣之壓力使其高於液氮氣壓力 09 在吹驅後開始操作之前驗證氮氣阻閥及液放閥是否關閉
1.6	逆流 (reverse flow)		1.無重大影響		
1.7	高溫度 (high temp)	1.外界火災 2.外界溫度過高 3.有機成分雜質（項目1.12）	1.若管線燒毀，會有潛在氣外洩（註：鋼材在氧氣存在情況下在約248°C的溫度會燒毀）2.高壓力（項目1.9）		10 驗證工廠消防設施可以很容易接近整段管線範圍
1.8	低溫度 (low temp)	1.由於液氣累滯而造成之自動冷卻（因為料槽出口閥保持開啟狀態或進料槽安全閥故障跳開）	1.如果管線受到過多的應力會造成氣外洩		11 確認管線是否可以忍受因自動冷卻所達成的低溫

(續) 表2.24　危害與可操作性分析工作表

項目	製程偏離	可能原因	可能後果	防護措施	改善建議
1.9	高壓力 (high pressure)	1. 高溫度 (項目1.7) 2. 關閉HCV-2後，因操作員疏忽而沒有吹驅管線 3. 喪失儀錶空氣（造成管線內液氮氣熱膨脹） 4. PCV-1故障大開	1. 潛在之管線破裂和氮氣外洩 (項目1.14)	1. 於現場有壓力指示 2. 設備可承受250psig	12 考慮於進料管線安裝洩放保護裝置
1.10	低壓力 (low pressure)		1. 無重大影響		
1.11	高濃度水分 (as well as)	1. 吹驅時使用潮濕空氣 2. 水分累積在氮氣吹驅管線	1. 腐蝕和潛在之氣外洩	1. 每年檢驗管線厚度 2. 嚴格管制使用空氣取代氮氣	13 考慮在使用氮氣吹驅管線之前先排水除濕
1.12	高濃度有機成分 (as well as)	1. 壓力指示計隔膜 (diaphragm) 滲漏	1. 高溫度 (項目1.7)	1. 壓力指示計使用惰性流體	14 考慮針對液氮系統的儀錶設備提供分離儲存之管理措施
1.13	洩漏 (leakage)	1. 維修錯誤 2. 墊圈 (gasket) 失效 3. 腐蝕	1. 少量氣外洩	1. 使用焊接管線 2. 每年檢驗管線厚度	15 考慮提供一方法於緊急時可清除管線
1.14	破裂 (rupture)	1. 高壓 2. 外界衝擊 3. 墊圈 (gasket) 破裂 4. 維修錯誤	1. 大量氣外洩	1. 有緊急應變程序和設備 2. 可遙控HCV-1和HCV-2以隔離管線	16 確認HCV-1和HCV-2關閉可抵擋250psig壓差

參考文獻

1. 29 CFR Part 1910.119 Process Safety Management of Highly Hazardous Chemicals, 1992.

2. Guidelines for Hazard Evaluation Procedures, second edition with worked examples, AIChE, 1992.

3. Dow's Fire & Explosion Index Hazard Classification Guide, seventh edition, AIChE, 1994.

4. Dow's Chemical Exposure Index Guide, first edition, 1988.

5. ICI Process Safety, Health and Environment Guide 13: Hazard Study Methodology, Part 1-Hazard Study 1.

6. SEMI S2-93A Safety Guidelines for Semiconductor Manufacturing Equipment.

7. 危險性工作場所製程安全評估訓練教材，工研院環境與安全衛生技術發展中心。

第3章

頻率分析

3.1 緒言

由以往的文獻對於頻率分析的解釋與描述，大約具有以下兩項特性：

1. 頻率的估計來自相關的歷史資料或運轉數據。
2. 頻率分析是結合系統分析和其潛在失誤／故障模式（failure mode）。

而此種結合在早期大多是討論失誤邏輯圖（failure-logic diagrams）的建構，失誤邏輯圖包括了失誤樹（fault tree）、事件樹（event tree）及原因與後果圖（cause-consequence diagrams），這些圖形結構模式將作爲後續定性分析（qualitative analysis）及量化分析（quantitative analysis）的模式。失誤邏輯圖在定性分析與危害辨識的關聯關係上扮演著極重要的角色，而由危害辨識轉換至頻率分析的失誤邏輯圖則是一種技巧。邏輯圖技術一般分爲兩類：由上而下式（top-down），爲由不期望發生的事件，如火災、爆炸、外洩、操作失控等去追溯造成該事件的各種原因；及由下而上式（bottom-up），爲由起始的失誤條件（fault conditions）、故障（failures）或操作錯誤（errors）去導出各種可能的不同後果或影響，如由易燃物外洩所造成的噴射火焰、閃火火球、氣雲爆炸、重質氣體擴散等各種後果。例如：

1. 失誤樹是由上而下式的方式，回溯（backward）發展模式，演繹（deductively）或推論後果（effect）至其原因（causes）。

2.事件樹是由下而上式的方法，前向（forward）發展模式，歸納（inductively）或引導原因（cause）至其後果（effects）。

3.2　失誤樹分析應用對象

失誤樹分析（FTA）為一種將各種不欲發生之故障情況（如：製程偏離、反應失控），以推理及圖解，逐次分析的方法。其應用對象主要在系統安全分析時欲評估其可靠度的系統或次系統，具有下列功效：

1.它強迫分析者應用推理的方法，努力地思考可能造成故障的原因。
2.它提供明確的圖示方法，以使設計者以外的人，亦可很容易地明瞭導致系統故障的各種途徑。
3.它指出了系統較脆弱的環節。
4.它提供了評估系統改善策略的工具。

以下概述失誤樹分析沿革：在1961年至1962年間，由Bell Telephone Lab的H. A. Watson開始發展，為空軍義勇兵飛彈的控制系統的一項研究計畫。第一篇論文發表於1963年由華盛頓大學與波音公司聯合主辦之Safety Symposium，並於七〇年代初期開始被各技術領域廣泛地應用。1972年Reactor Safety Study，WASH-1400計畫中，首次為核工界所應用。其後被用於分析大型化工廠之安全分析及液化天然氣（LNG）工廠之安全分析。大部分的機率風險分析（probabilistic risk assessment, PRA）計畫均採用失誤樹模式，並與事件樹分析配合使用。**表3.1**為失誤樹分析時會使用的圖形符號與名詞說明。

表3.1 建立失誤樹時所使用符號與名詞說明

頂端事件 （top event） 指重大危害或嚴重事件，如火災、爆炸、外洩、塔槽破損等，是失誤樹分析中邏輯演繹推論的起始。	中間事件 （intermediate event） 失誤樹分析中邏輯演繹過程中的任一事件。
基本事件 （basic event） 失誤樹分析中邏輯演繹的末端，通常是設備或元件故障，或人為失誤。	未發展事件 （undeveloped event） 失誤樹分析中因系統邊界或分析範圍之限制，未繼續分析下去之事件；或總括指人為失誤，而不再深究人為失誤的原因。
「或」邏輯閘 （or gate） 失誤樹分析中兩個或兩個以上原因其中之一發生，就會導致某一中間事件或頂端事件發生。	「且」邏輯閘 （and gate） 失誤樹分析中兩個或兩個以上原因同時發生，才會導致某一中間事件或頂端事件發生。
外部事件 （external event/house event） 不期望發生的事件，但並非製程系統定義邊界內的失誤或故障，如冷卻水系統失常。可當作是切換符號（switch device），不需要在本失誤樹中分析，如冷卻水系統失常，可以另一失誤樹分析之。	轉頁號 （transfer symbols） 失誤樹的結構很大，在一張報表紙上印不下，可轉接其他報表。transfer out為由其他報表轉下來的事件，對應transfer in的編號。transfer in為轉出至其他報表的事件，對應transfer out編號。 out in
抑制邏輯閘 （inhibit gate） 描述異常事件與其他非操作因素的關係，輸入事件如滿足某些條件才會導致輸出事件。如極端之天氣條件。	「逆向／否定」邏輯閘 （reverse gate） 當某一個輸入事件不發生時，才會導致輸出事件。
分割集合 （cut set） 如ABC三基本事件同時發生會造成頂端事件，則ABC是一組分割集合。是各種可能狀況或組合確保頂端事件會發生的集合。	最小分割集合 （minimal cut set） 如AB同時發生會造成頂端事件，但A不會引發頂端事件，且B亦不會引發頂端事件，則AB是一組分割集合。若此時AB和ABC在分析過程中皆存在於top equation，因AB包含ABC，故僅AB是最小的分割集合，ABC應消去，以避免重複計算機率。

3.3　失誤樹分析實施步驟

失誤樹的分析程序歸納如下：

1. 系統定義：
   (1) 定義分析範圍及分析邊界。
   (2) 定義起始條件。
   (3) 定義頂端事件（top event）。

2. 系統邏輯模型建構：依據設計資訊、操作邏輯，由危害辨識之重大故障後果，即頂端事件演繹其所有可能的發生原因，以建立失誤樹。

3. 共同原因失誤模式分析（common cause failure analysis）。

4. 定性分析（qualitative analysis）：
   (1) 布林代數（Boolean algebra）化減。
   (2) 找出最小分割集合（minimal cut set, MCS）。

5. 由失誤率資料庫（generic data bank）搜尋基本事件失誤率（failure rate）。

6. 依製程條件、環境因素等修正基本事件失誤率。

7. 建立失誤率資料庫／資料檔。

8. 定量分析（quantitative analysis）：求出top event/MCS 之失誤率及機率，包括：不可靠度（unreliability）、不可用度（unavailability）、失誤期望值（expected number of failure）等。

9. MCS 排序、相對重要性分析（importance analysis）：其目的為找出對top event 而言頻率值或貢獻度較高的MCS 組合，並

分析其基本事件，這些基本原因即為操作管理或維修管理的
重點，以提升其可靠度；或進一步尋求改善方案，針對這些
基本原因增加安全防護。

3.4 實例說明

　　建立失誤樹分析模式，需要下列的製程或系統資訊，以便依製
程特性或系統功能的相關知識，研判導致潛在性的不期望事件的原
因：

1.製程系統／工廠的化學與物理程序。
2.物質危害特性。
3.工廠與廠區配置。
4.製程條件。
5.系統硬體（管線儀器圖）。
6.設備規範。
7.工廠操作（包括正常操作、維修、緊急應變、開車及停車等
　程序）。
8.人為錯誤（包括操作－維修、操作員－設備、儀器（人機）
　介面）。
9.環境因素。

　　圖3.1是批式反應系統，此反應系統為一高放熱反應，可能有
反應失控後造成反應器爆炸的潛在危害。因反應速率隨反應物之進
料流量（濃度）而增加，所以以一套FRC控制反應物之進料流
量。另設有防止反應爆炸之緊急釋放裝置破裂盤，和防止系統持續
升溫後導致失控的高溫連鎖迴路TIS。失誤樹分析如圖3.2所示，

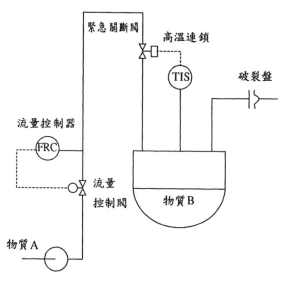

流量控制器 FRC

緊急關斷閥 高溫連鎖 TIS 破裂盤

流量控制閥

物質B

物質A

圖3.1 批式反應系統

產生反應器爆炸事故的原因為反應失控和其保護裝置破裂盤無法作動兩者同時發生，此處使用「且」邏輯閘。而導致反應失控的原因為進料控制迴路失常，進料速率過快致反應速率過高，大量放熱造成溫度急升和其保護裝置溫度關斷迴路亦作動失敗，所以使用「且」邏輯閘。進料流量控制迴路上的任一元件故障，都可能造成此迴路故障，此處我們將其分為儀電部分之控制器故障與機械部分之控制閥故障，使用「或」邏輯閘。同理，TIS迴路上的任一元件故障，亦將造成該迴路故障，亦使用「或」邏輯閘。

如進一步研討圖3.2中示範的頻率分析，流量控制器的失誤率為平均每年故障0.2次，控制閥的失誤率為平均每年故障0.1次，則控制迴路為每年故障0.3次；而熱電偶與繼電器作動失敗機率為5％，緊急關斷閥作動失敗機率為1％，所以高溫連鎖作動失敗機率為6％。在控制迴路平均每年故障0.3次的條件下，6％的機會保護

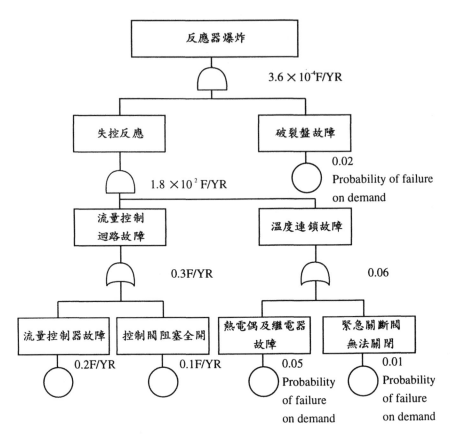

圖3.2　批式反應器爆炸失誤樹分析

作動失效，故失控反應發生之頻率為平均每年 1.8×10^{-2} 次；在此條件下，2％破裂盤釋壓失敗之機會發生，導致反應器爆炸的頻率是平均每年 3.6×10^{-4} 次，本例因邏輯簡單，無須進行進一步的布林代數化減。但如果事件組合中發生了基本事件重複交集，組合關係中有互為部分集合時，則須分析並確認頂端事件的最小分割集合（MCS）。

　　布林代數化減中的主要規則有兩個：

[規則1]任何特定的元素或事件在「cut set」組合中無需出現一次以上，即元素或事件自我重複交集是沒有意義的，如：

ABCAB ＝ ABC

FFFGH ＝ FGH

XXYYAB ＝ XYAB

ABAABB ＝ AB

[規則2]如果任何集合是另一集合的部分集合（子集合），則該集合應在「top equation」中消掉，以免機率被重複計算，如：

AB ＋ ABC ＝ AB

F ＋ FG ＝ F

HG ＋ GHI ＋ HGX ＝ HG

A ＋ AB ＋ XY ＋ XYA ＝ A ＋ XY

　　「或」邏輯閘在數學上的意義為機率相「加」；「且」邏輯閘在數學上的意義為機率相「乘」，除了以代數展開式的方式，以「top equation」來作布林代數化減外，亦可以「矩陣」的方式，並仍遵循前述之[規則1]、[規則2]來求得最小分割集合（MCS）。其分析方式為由頂端事件開始表列，「且」邏輯閘時，因其所有輸入事件需同時發生才會產生輸出事件，故將其所有輸入事件列在同一「橫列」上；「或」邏輯閘時，因任一輸入事件發生即會產生輸出事件，故將其各種輸入事件分開列於各「縱行」之上，依此原則逐一展開。圖3.3之失誤樹以「矩陣」法來示範分析MCS。

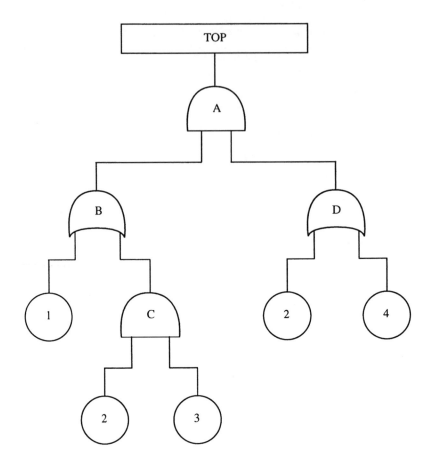

圖 3.3　以「矩陣」法導出MCS之失誤樹分析示範

GATE	TYPE	INPUTS	
A	AND	B	D
B	OR	1	C
C	AND	2	3
D	OR	2	4

A		

B	D	

1	D	
C	D	

1	D	
2	D	3

1	2	
2	D	3
1	4	

1	2	
2	2	3
1	4	
2	4	3
boolean indicated cut sets		

1	2	
2	3	
1	4	
minimal cut sets		

3.5　共同原因失誤模式分析

　　提升系統的可靠度或安全性經常是藉由裝置多重保護（redundancy）和多樣化（diversity）設計來達到，特別是在儀器與控制系統中的應用為最。理論上是可以多重保護及多樣化設計的方式做到高度的可靠性，但有時候此類設計也會因為多重／複式元件的故障而導致事故的發生（例如：保護系統中的所有的溫度感測器的功能失常，在維修期間皆未被校正出來），這類事件一般是因為失誤模式／原因的相依性（dependent failure events）。

　　製程系統的共同原因失誤模式（common cause failure, CCF）在系統分析中是非常重要的一項考慮，因共同原因失誤模式而造成的重大事故，已有下列多起：

1. 因工程建造而引起：Hagen（1980）的報告指出一核能反應器的連鎖模組因CCF的原因造成半導體整流棒驅動系統的故障而導致多重保護失敗。
2. 因外界環境而引起：Hoyle（1982）的報告指出四氯化矽意外事故肇因於CCF。
3. 因操作程序而引起：Hagen（1980）的報告指出Browns Ferry火災肇因於人為錯誤在幾個系統中同時發生。

　　圖3.4中列出共同原因失誤模式，將之分為工程與操作兩大類，而工程的CCF又分為設計的CCF與建造的CCF，操作的CCF又分為程序的CCF與環境的CCF。

　　找出共同原因失效的潛在事件，分析並比較CCF事件與其他事件對系統不可用度與工廠風險的影響程度，並進而提出對CCF

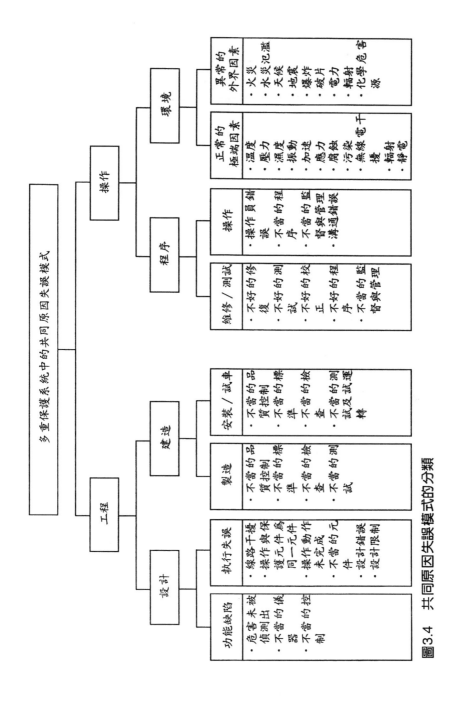

圖3.4　共同原因失誤模式的分類

的防制策略，包括了對於工程缺失或操作缺失兩方面的強化，典型的做法有控制設計、設備分離、設計較佳的測試和檢查程序、維修程序、審核程序，加強人員訓練、製造／施工品質、安裝／試運轉品質等。

3.5.1 分析方法

共同原因失誤模式分析的方法如下：

步驟1

辨識共同原因失誤元件。此部分分析時應定義的資訊有：分析基準與範圍、深度；一般的根本原因；偶對機構（linking/coupling mechanism），及必要之系統查驗。而偶對機構係指使用多組以上相同型式、規格，在相同的區域中，由相同人員安裝或操作等等之條件下，執行相同作動功能的儀器或設備之設計。

步驟2

模擬共同原因失誤與數據分析。再細分為三個步驟，為系統安全分析的修正步驟：

[步驟2.1]整合共同原因的基本事件至系統分析的邏輯模式圖之上，圖3.5是兩個多重元件具有共同原因失誤時之失誤樹的邏輯。

[步驟2.2]評估和分類事件報告或紀錄，以作為CCF加入系統邏輯模式時的參數之設定依據。所需考慮的因素包括根本原因、偶對機構等。

[步驟2.3]參數估計。典型的共同原因失誤模式在使用上需估計

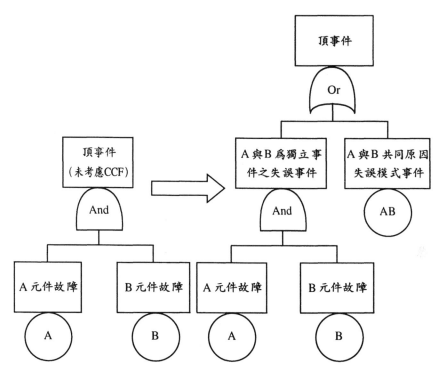

圖3.5　整合CCF的失誤樹分析

CCF事件的機率，我們在此引用Mosleh等（1988）
所提出之Beta－因子

$\lambda = \lambda_i + \lambda_c$

λ ＝元件失誤率

λ_i ＝元件之獨立失誤事件的失誤率

λ_c ＝考慮CCF事件的失誤率

Beta－因子定義為：

$$\beta = \frac{\lambda_c}{\lambda_c + \lambda_i}$$

如果系統含有多重保護單元，則系統之CCF的失誤率為 $\beta \lambda$。同理Beta－因子亦可使用於失誤機率（P）或無法作動的次數（n）

$$\beta = \frac{n_c}{n_c + n_i} \quad \text{或} \quad \beta = \frac{P_c}{P_c + P_i}$$

n_c＝考慮CCF事件時的元件無法作動次數
n_i＝僅考慮元件獨立故障原因之無法作動次數

3.5.2　分析實例

　　圖3.6為一連續攪拌槽反應器（CSTR），進行高放熱反應，具有反應失控之製程偏離的潛在危害，其保護設計為溫度過高時緊

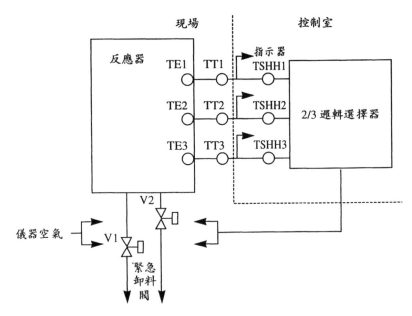

圖3.6　CSTR連鎖系統圖

急連鎖打開卸料閥，使反應中止，CSTR底部設有兩個緊急卸料閥
V1與V2，其控制是由一組三選二的選擇邏輯單元（voting logic
unit, VLU）來作動。

圖3.7為CSTR於溫度過高時緊急排放故障的失誤樹分析，其
可能的原因有兩個卸料閥無法打開、VLU無法作動，及儀用空氣
失常；而VLU無法作動的原因又分為VLU無法啟動卸料閥和三選
二邏輯故障等。表3.2為元件之失誤率數據。

定性分析

本系統中有兩個CCF事件，分別為：(1)多重／複式卸料閥的
共同原因失誤；和(2)多重／複式溫度訊號線路的共同原因失誤。
在蒐集資料、進行參數估計時，CCF的考慮可以如下：

1. 大約70％的此類閥故障為流體堵塞，肇因於物質在閥入口或
   閥體內部堵塞。
2. 溫度開關的失常主要是在維修不良，如：設定點校正不佳。

定量分析

利用Beta－因子估算CCF機率。由以往的文獻紀錄顯示溫度
訊號線路的Beta－因子為0.1至0.2（Lydell, 1979; Meachum et al.,
1983），氣動閥的Beta－因子為0.2（Stevenson and Atwood,
1983）。首先先計算各元件的CCF事件失誤率，包括卸料閥、
TE、TT、TSHH：

閥的CCF rate $= \beta_{\text{valve}} \times \lambda_{\text{valve}}$
$$= 0.2 \times 0.1/\text{year} = 0.02/\text{year}$$
溫度感測元件的CCF rate $= 0.2 \times 0.3/\text{year} = 0.06/\text{year}$
溫度訊號傳送器的CCF rate $= 0.2 \times 0.1/\text{year} = 0.02/\text{year}$

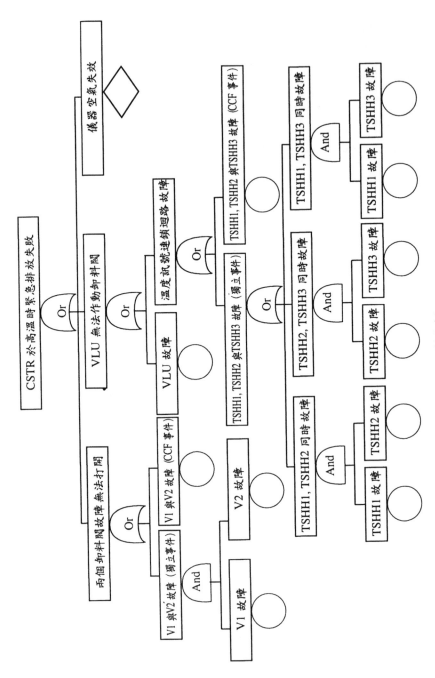

圖3.7 CSTR於溫度過高時緊急排放故障的失誤樹分析

表3.2　CSTR之CCF實例元件失誤率

設備	失誤率（Yr⁻¹）	作動失敗機率
閥（包括反應槽至閥體的管線、閥本體和閥的操作員）	0.1	—
三選二邏輯單元（VLU）	0.005	—
儀用空氣（IA）	—	0.001
溫度感測元件（TE）	0.3	—
溫度訊號傳送器（TT）	0.1	—
高溫開關（TSHH）	—	0.025

溫度開關在需作動時無法作動的CCF rate $= 0.2 \times 0.025$
$$= 5 \times 10^{-3}$$

1. V1與V2無法打開的共同原因失誤：

   卸料閥的共同原因失誤率 $= \beta_{\text{Valve}} \times \lambda_{\text{Valve}}$
   $$= 0.2 \times 0.1/\text{year} = 0.02/\text{year}$$

   最大暴露時間 $= 1$ year（卸料閥每年維修測試一次）

   故障的機率＝（失誤率）×（最大暴露時間）× 50 ％（需作動時無法作動的機率）

   所以$P_c = 0.02/\text{year} \times 1 \text{ year} \times 0.5 = 0.01$

   卸料閥V1與V2為獨立事件時個別的故障機率為$0.1/\text{year} \times 1 \text{ year} \times 0.5 = 0.05$

   所以$P_i = (0.05)^2 = 0.0025$

   $P = P_c + P_i$（卸料閥）$= 0.01 + 0.0025 = 0.0125$

2. 三選二邏輯器故障機率為$0.005/\text{year} \times 1 \text{ year} \times 0.5 = 0.0025$

3. 高高溫連鎖開關的共同失誤機率 $= \beta_{\text{TSHH}} \times P_{\text{TSHH}}$
   $$= 0.2 \times 0.025 = 0.005$$

高高溫連鎖開關TSHH1、TSHH2與TSHH3為獨立事件的故障機率為：

$3 \times (0.025)^2 = 0.001875$

$P = P_c + P_t$（高高溫連鎖系統）$= 0.005 + 0.001875$

$= 0.006875$

全系統的不可用度為卸料閥、三選二邏輯器、高高溫連鎖系統及儀用空氣四者失常的機率總和，即：

$0.0125 + 0.0025 + 0.006875 + 0.001 = 22.9 \times 10^{-3}$

表3.3是CSTR保護系統不可用度的完整評估。因此，卸料閥的CCF對於系統不可用度的比重占了44%，而溫度連鎖開關的CCF則占了22%，共同原因失誤模式在本系統中成為系統可靠度關鍵性的因素。另溫度感測元件和溫度訊號傳送器的CCF則在本分析中未予討論。

3.6　定量分析

3.6.1　設備可靠度

設備可靠度是一種機率，在特定環境條件下，及運轉暴露週期（exposure period）下正常執行其設計功能的操作機率。所以，設備可靠度是一機率值，是運轉暴露週期的函數，是設備失常定義（何種狀態或條件是設備失常？）的函數。

$$r(t) = 1 - F(t) \tag{1}$$

表3.3 CSTR 保護系統不可用度分析

系統元件	失誤率 (Yr⁻¹)	最大暴露時間 (Yr)	需作動時故障的機率	系統不可用度的貢獻值 (×10⁻³)	系統不可用度百分比 (%)
·卸料閥V1或V2故障無法打開	0.1	1	0.05	—	—
·V1與V2同時無法打開 (V1與V2為獨立事件)	—	—	$(0.05)^2$	2.5	11
·V1與V2同時無法打開 (考慮CCF)	0.02	1	0.01	10	44
·VLU故障：需作動時無法輸出關斷訊號	0.005	1	0.0025	2.5	11
·儀用空氣失效	—	—	0.001	1	4
·溫度訊號線路：					
一感測元件	0.3	8hr	N	—	—
一傳送器	0.1	8hr	N	—	—
一閉關	—	—	0.025	—	—
·三個溫度訊號線速線故障 (三者為獨立事件)	—	—	$3 \times (0.025)^2$	1.9	8
·三個溫度訊號線速線故障 (考慮CCF)	—	—	0.005	5	22
·全系統不可用度	—	—	—	22.9	100

N：未予考慮的項目

$r(t)$ ＝設備可靠度，爲 t 的函數

$F(t)$ ＝累積失常分布函數

t ＝時間

定義累積失常分布函數，$F(t)$ 的導函數爲機率密度函數
（probability density function），$f(t)$，

$$f(t) = dF(t)/dt \qquad\qquad (2)$$

$$F(t) = \int_0^t f(t)dt \qquad\qquad (3)$$

$$則\ r(t) = 1 - \int_0^t f(t)dt \qquad\qquad (4)$$

$$或\ r(t) = \int_t^\infty f(t)dt \qquad\qquad (5)$$

對一典型的機率密度函數而言，累積失常分布函數與可靠度的
關係如圖3.8。

3.6.2 設備失誤率

設備失誤率可概分爲兩大類：時間相依（time-related）及需求
相依（demand-related），時間相依設備失誤率定義如下：

$\lambda(t) \equiv$ （單位時間某設備失常的次數）

t ＝設備運轉時間

而需求相依設備失誤率定義爲：

$\lambda_D(n_D) \equiv$ （單位作動需求次數內某設備失常的次數）

n_D ＝設備作動需求數

時間相依失誤率通常表示成每 10^6 小時內失常的次數，一般針

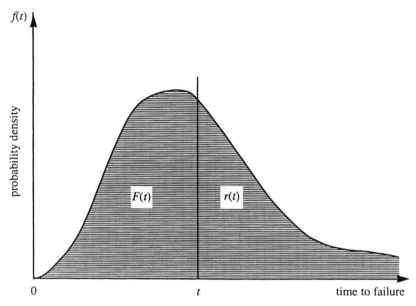

圖3.8　機率密度函數（Billinton and Allan, 1983）

對連續操作中的設備，如運轉中的泵、溫度或壓力訊號的傳送器。
需求相依失誤率典型的表示方法是每 10^3 作動需求中失常的次數，
一般針對正常情況時是靜止的或不作動的，但在隨機狀況下需啟動
成功的設備，如開關系統、備份發動機（standby generator）。有些
製程設備具有上述兩種失誤率，如泵，在製程中的流體輸送泵或加
壓泵具有時間相依失誤率；而緊急備份泵則具有需求相依失誤率。

　　一般而言製程設備的時間相依失誤來源（如腐蝕）與需求相依
失誤來源（如電氣脈衝）彼此之間是無關的。但對同一設備而言，
每單位時間的失常次數之機率函數表達為 $F[\lambda \times t]$ 與每次作動需求
的失常次數之機率函數表達為 $G[\lambda_D \times n_D]$ 同為機率值。（$\lambda =$
time-related failure rate；$t =$ exposure period；$\lambda_D =$ demand-related
failure rate；$n_D =$ total number of demands。）

其中F[ ]與G[ ]是在運轉暴露週期間對作動需求而言失常的總次數函數。不過對於連續運轉中的設備與standby的設備而言，兩種失誤率仍然是無關的。

3.6.3 失誤率與機率之關係

再說明時間相依設備失誤率（time-related equipment failure rate），可定義為失常發生的次數除以過去這些失常事件發生期間的總運轉操作時間。而時間相依設備失誤頻率（time-related equipment failure frequency）則定義為失常發生的次數除以過去這些失常事件發生期間的總日曆天時間。但有效地描述設備可靠性的指標應是以操作時間或實際執行製程上之功能的時間作為基礎的計數方式，所以我們將討論失誤率，而非失誤頻率。

而機率與失誤率的關係可簡單描述如下：如討論時間相依失常機率，為從設備開始運轉的時間t0與運轉時間t間設備失常的發生機率，而在同樣的t0至t的時間內，失誤率是單位時間之失常的期望次數。因此對設備期望壽命而言（t→∞），此機率值為1。如討論需求相依失常機率，為從設備開始啟用0與作動需求次數nD間設備失常的發生機率，而在同樣的0至nD的計次內，失誤率是每次需求之失常的期望次數。因此對設備壽命而言（nD→∞），此機率值為1。

引用（2）式之機率密度函數 $f(t)$

$$f(t) = dF(t)/dt \qquad\qquad (2)$$

為單位時間的累積失常數；而失誤率如上一節之定義為單位時間內某設備失常的次數，若乘上累積之可靠度因子 $r(t)$，亦為單位時間的累積失常數：

$$\lambda(t)r(t) = f(t) \tag{6}$$

$$則 \lambda(t) = \frac{f(t)}{r(t)} \tag{7}$$

由（4）式

$$\frac{dr(t)}{dt} = -f(t) \tag{8}$$

（8）式代入（7）式

$$\lambda(t) = \frac{-dr(t)}{r(t)dt} \tag{9}$$

（9）式移項後積分

$$1nr(t) = -\int_0^t \lambda(t)dt \tag{10}$$

$$或 r(t) = \exp[-\int_0^t \lambda(t)dt] \tag{11}$$

定義不可靠度（unreliability），$\bar{r}(t)$

$$\bar{r}(t) = 1 - r(t) = 1 - \exp[-\int_0^t \lambda(t)dt] \tag{12}$$

對時間 t 而言，可靠度為 r(t)，瞬間失誤率為 $\lambda(t)$，而此時間與開始運轉時間 t0 有關，至於 t0 的選擇可考慮設備製造瞬間、安裝瞬間、壓力測試瞬間，或試車瞬間，t0 的選擇影響設備的生命週期的計算。化工廠的典型運作是包括設備安裝完畢後，至開爐間的所有措施，這涵蓋了壓力或負荷測試與檢查，因此初期的失誤率（burn-in or infant mortality failures）亦應被適當地加以計算。對製程設備而言，運轉時間應包括設備的試車，及試車以後的操作時間。

對於設備瞬間的不可靠度，或故障發生的機率與失誤率的關係

可以（12）式來描述，但仍不如實際的數值資料來得實際易使用。對於時間相依設備失誤率的數值 λ 而言，

$$\lambda = \frac{\int_{t_1}^{t_2} \lambda(t)dt}{\int_{t_1}^{t_2} dt} \qquad (13)$$

其中 λ (t)＝瞬間失誤率函數

　　　λ ＝失誤率數值常數

　　　t ＝時間

　　　t_1＝開始運轉至完全啓動後（穩定失誤率區間）之瞬間時間

　　　t_2＝穩定失誤率區間至磨損故障之瞬間時間

對於 λ t 相乘爲非常小的數值時，可靠度 r(t) 與不可靠度 $\bar{r}(t)$ 可簡化爲下兩式：

$$r(t) = 1 - \lambda t, \qquad \lambda t << 0.1 \qquad (14)$$

$$r(t) = \lambda t, \qquad \lambda t << 0.1 \qquad (15)$$

在大部分的條件下，設備的不可靠度或故障機率與失誤率的簡易關係，可以（15）式表示之。

有關頻率分析的計算公式彙整於附錄五，然而對於複雜的系統或製程之失誤樹分析而言，以人工計算相當不經濟且容易發生錯誤；目前已有許多商業化的電腦輔助分析軟體可供應用。

3.6.4　影響設備失誤率的因素

影響設備失誤率的因素包括設備機型、設備邊界、設備大小、設計標準、結構材質、零組件製造技術、品質控制、安裝技術、開爐／啓動實務、操作策略、製程物質、內部環境、外部環境、維修策略、設備壽命、失誤模式等，分別在**表**3.4中加以討論。

表3.4　影響製程設備失誤率的因素

影響因素	分析內容
設備機型	不同的設備具有不同的失誤率。轉動設備的失常不同於製程容器與管線。而相同功能的設備亦具有不同的類型，其失誤率亦不同，亦應加以分類。例如：泵即有齒輪式、離心式與往復式。
設備邊界	設備邊界需清楚定義。例如：壓縮機的失誤率估計時涵蓋傳動單元、齒輪箱，與僅計算壓縮單元時是不同的。
設備大小	一般設備需考慮流速、壓力、馬力、尺寸、轉速等特性。小零件的本體問題，相對較大的機械而言將不構成問題。但在高壓或高速系統中有高機械應力的問題，小零件需有精密的公差。
設計標準	設計標準對於設備需求而言是預防傳統性的失常再發生。設備符合設計規格的目的是不期望設備在與過去相同的模式下失常。
結構材質	設備材質的選擇需考慮與處理的製程物質間的相容性。設備失誤率應合理地考慮不同材質下的狀況。
製造技術	製造技術通常是重要的考慮。設備失常會導因於劣質的焊接，例如：新設備在現場的裝設即應考慮。
品質控制	經由品質控制將可改善故障情況，例如：設備徵兆的偵測可指示出失常的肇端。
安裝技術	某些設備對於裝設時之實務極端敏感，如安裝不當會導致故障。例如，大型轉動設備需符合裝設基準，尤其是軸承，以避免不平衡轉動。
啟動實務	大部分設備在啟動初期嘗試以加速達成滿載，或折衷方式，或旁路操作會對設備造成負面影響。
操作負荷	設備在較小量負荷下操作發生失常的可能低於大量負荷。以趨於設計極限來運轉，通常會增加設備失誤率。
操作策略	在同一條件下的連續式操作發生失常的可能低於重複性的停機再開機。在不同溫度或壓力值之間的循環操作、開機負荷，及待命啟動設備等皆增加了其失誤率。批式操作通常就包含了這些因素的組合。泵使用於不同的批式操作中，可在不同的製程介質、策略、操作量下進行不同批次下的操作。對於此類操作，操作員的訓練與操作方式亦應計入考慮。
製程物質	製程中特殊的化學物質影響設備原來的資料之應用（如：漿料、高腐蝕性物質）。
內部環境	製程中處理物質的溫度、壓力、振動等將顯著影響設備的可靠度。

（續）表3.4　影響製程設備失誤率的因素

影響因素	分析內容
外部環境	影響設備失誤率的外部環境因素包括濕度、空氣中鹽分、陽光照射、水分、低溫、高熱、振動、高度、粉塵等。
維修策略	製程設備的維修策略可由運轉至故障之偵測、評估，及定期預防保養時程之研擬來加以修正。檢查、測試與裝設診斷設備皆會影響設備失誤率。
設備壽命	設備的使用年限會顯著影響其失誤率。一般而言，維修與更換策略應計入考慮，設備失常的機率隨使用時間增加。
失誤模式	設備失誤率對某一特定失誤模式而言是一特定值。例如：閥開啟失敗的失誤率與同一個閥關閉失敗或內漏的失誤率是不同的。

　　而對於設備的定義應對其邊界加以清楚地描述，如定義壓縮機，是僅就壓縮機本體而言，還是就壓縮機系統而言，如為壓縮機系統應包括：壓縮機本體、齒輪驅動機、馬達、油封系統、連接管、中間冷卻器、滑油冷卻器、控制單元及底座。

3.6.5　實例演練

　　我們以批式反應器失控反應作為頂事件，如圖3.9之系統，進行頻率分析。失控反應中的各元件數據如表3.5，每一批的操作週期假設為36小時。特性時間為平均維修時間（MTTR）或操作週期，如為連續監控且可執行線上修復者，則取平均維修時間作為特性時間；否則須在製程或系統停機時才能修復的元件，則取操作週期作為特性時間。

失誤樹模式

　　失誤樹模式如圖3.10。

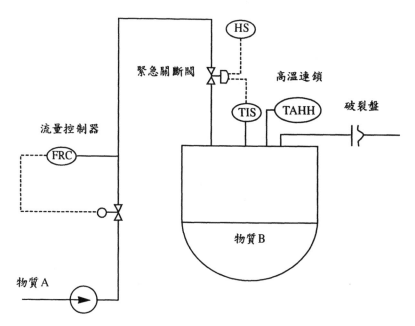

圖3.9 批式反應器失控頻率分析範例

表3.5 批式反應器失控事件中的各元件數據

基本事件	失誤率 (hr⁻¹)	特性時間	機率
控制閥阻塞全開	4×10^{-6}	24	—
流量控制器故障	2×10^{-4}	8	—
警報故障	1×10^{-4}	mission	—
操作員未正確手動應變	—	—	3×10^{-3}
緊急關斷閥無法關閉	5×10^{-5}	mission	—
自動高溫連鎖系統故障	1×10^{-5}	mission	—

以上數據的時間單位爲小時；特性時間欄的數據爲MTTR；mission time＝
36hrs

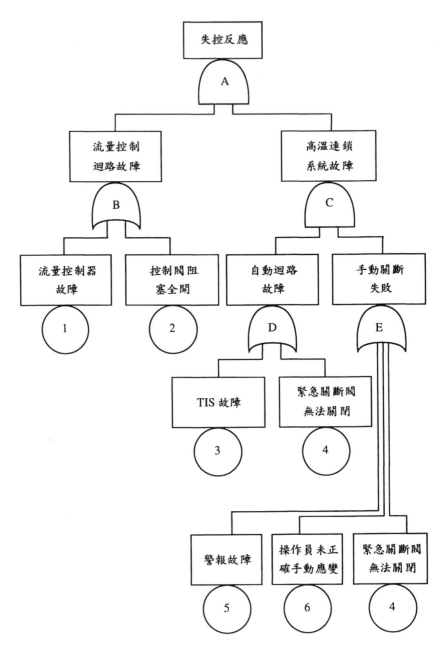

圖3.10 批式反應器失控頻率分析失誤樹模式

MCS 分析

A →	BC	→	1C	→	1DE
			2C		2DE

→	13E	→	134	→		
	14E		135		14	a
	23E		136		135	b
	24E		144		136	c
			145		24	d
			146		235	e
			234		236	f
			235			
			236			
			244			
			245			
			246			

基本事件不可用度分析

基本事件	失誤率（hr^{-1}）	特性時間（hr）	$\bar{a}_i = \lambda_i \tau_i$
1	2×10^{-4}	8	1.6×10^{-3}
2	4×10^{-6}	24	9.6×10^{-5}
3	1×10^{-5}	36	3.6×10^{-4}
4	5×10^{-5}	36	1.8×10^{-3}
5	1×10^{-4}	36	3.6×10^{-3}
6	—	—	3×10^{-3}

最小分割集合（MCS）不可用度 / Rate of failure（ROF）

MCS	BE's	$\overline{A}_k = \prod_{i=1}^{n_k} \overline{a}_i$	$ROF_k = \overline{A}_k \sum \dfrac{\lambda_i}{a_i}$
a	14	2.88×10^{-6}	$2.88 \times 10^{-6} (\dfrac{2 \times 10^{-4}}{1.6 \times 10^{-3}} + \dfrac{5 \times 10^{-5}}{1.8 \times 10^{-3}}) = 4.4 \times 10^{-7}$
b	135	2.07×10^{-9}	$2.07 \times 10^{-9} (\dfrac{2 \times 10^{-4}}{1.6 \times 10^{-3}} + \dfrac{1 \times 10^{-5}}{3.6 \times 10^{-4}} + \dfrac{1 \times 10^{-4}}{3.6 \times 10^{-3}}) = 3.7 \times 10^{-10}$
c	136	1.73×10^{-9}	$1.73 \times 10^{-9} (\dfrac{2 \times 10^{-4}}{1.6 \times 10^{-3}} + \dfrac{1 \times 10^{-5}}{3.6 \times 10^{-4}} + 0) = 2.6 \times 10^{-10}$
d	24	1.73×10^{-7}	$1.73 \times 10^{-7} (\dfrac{4 \times 10^{-6}}{9.6 \times 10^{-5}} + \dfrac{5 \times 10^{-5}}{1.8 \times 10^{-3}}) = 1.2 \times 10^{-8}$
e	235	1.24×10^{-10}	$1.24 \times 10^{-10} (\dfrac{4 \times 10^{-6}}{9.6 \times 10^{-5}} + \dfrac{1 \times 10^{-5}}{3.6 \times 10^{-4}} + \dfrac{1 \times 10^{-4}}{3.6 \times 10^{-3}}) = 1.2 \times 10^{-11}$
f	236	1.04×10^{-10}	$1.04 \times 10^{-10} (\dfrac{4 \times 10^{-6}}{9.6 \times 10^{-5}} + \dfrac{1 \times 10^{-5}}{3.6 \times 10^{-4}} + 0) = 7.2 \times 10^{-12}$

分析

頂事件不可用度 / 不可靠度 / 失誤期望值 / 失誤率

不可用度 $\overline{A}_T = \Sigma \overline{A}_k = 3.1 \times 10^{-6}$

$\overline{R}_T = \Sigma \overline{R}_k = \Sigma \ ENF_k = \Sigma \int_0^t ROF_k dt = 4.5 \times 10^{-7} t$

不可靠度 $\overline{R}_T (36) = 1.6 \times 10^{-5}$

失誤期望值 $ENF_T = 1.6 \times 10^{-5}$

失誤率 $\overline{\Lambda}_T = 4.5 \times 10^{-7} hr^{-1}$

相對重要性分析

1. 最小分割集合

$$I_k = \frac{\overline{A_K}}{\overline{A_T}}$$

$I_a = 2.88 \times 10^{-6} / 3.1 \times 10^{-6} = 0.93$

$I_b = 2.07 \times 10^{-9} / 3.1 \times 10^{-6} = 0.00067$

$I_c = 1.73 \times 10^{-9} / 3.1 \times 10^{-6} = 0.00056$

$I_d = 1.73 \times 10^{-7} / 3.1 \times 10^{-6} = 0.056$

$I_e = 1.24 \times 10^{-10} / 3.1 \times 10^{-6} = 0.00004$

$I_f = 1.04 \times 10^{-10} / 3.1 \times 10^{-6} = 0.00003$

2.基本事件

$I_t = \Sigma\ I_k$

$I_1 = I_a + I_b + I_c = 0.93$

$I_2 = I_d + I_e + I_f = 0.056$

$I_3 = I_b + I_c + I_e + I_f = 0.0013$

$I_4 = I_a + I_d = 0.99$

$I_5 = I_b + I_e = 0.00071$

$I_6 = I_c + I_f = 0.00059$

3.7　事件樹分析

　　事件樹分析往往配合失誤樹分析，作為頻率分析的輔助工具，事件樹的邏輯與失誤樹相反，由起始事件發展不同類的事件後果，典型的事件樹模式如圖3.11，分析過程中對於任何一個節點條件進行「是」或「否」之判斷，而展開成二元分支結構。如圖3.11之起始事件為LPG儲槽外洩，高壓之LPG噴出後，立即被引燃，如發生熱衝擊效應會演變成沸液膨脹蒸氣爆炸（boiling liquid expanding vapor explosion, BLEVE）之後果，否則將是局部性的熱

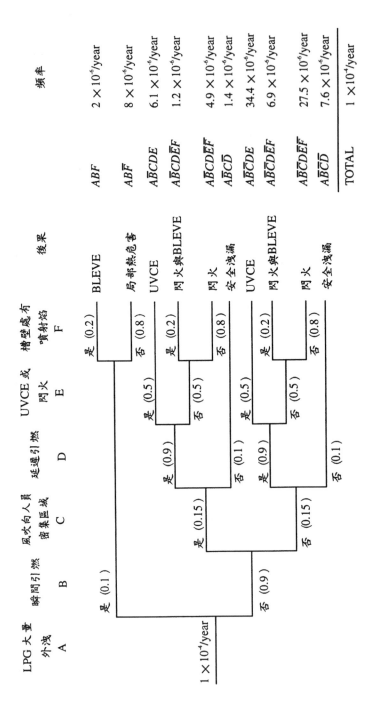

圖3.11 LPG 外洩事件樹範例

危害。若未被引燃則會向下風處擴散，濃度在燃燒範圍內若遇到引燃能量，仍有非密閉空間氣雲爆炸（unconfined vapor cloud explosion, UVCE）或氣雲火災／閃火（flash fire）的危害，並考慮是否為人員密度較高的位置，以進一步可評估其風險。**表3.6**為事件樹分析中輸入的經驗數據，**表3.7**是各事件分析結果的整理。

表3.6　事件樹範例中之輸入數據

事件	頻率／機率	資料來源
A.高壓LPG大量外洩	1.0×10^{-4}/year	失誤樹分析
B.在外洩口附近瞬間引燃	0.1	專家建議
C.風吹向人員密集區域	0.15	風玫瑰圖資料
D.人員密集處延遲引燃	0.9	專家建議
E.UVCE（與閃火相比較）	0.5	歷史資料
F.噴射火焰衝擊LPG槽壁	0.2	儲槽配置幾何關係

表3.7　事件樹分析後果與頻率

後果	事件演變序列	頻率（每年）
BLEVE	ABF	2.0×10^{-6}
閃火	$A\bar{B}CD\bar{E}\bar{F} + A\bar{B}\bar{C}D\bar{E}\bar{F}$	$4.9 \times 10^{-6} + 27.5 \times 10^{-6} = 32.4 \times 10^{-6}$
閃火與BLEVE	$A\bar{B}CD\bar{E}F + A\bar{B}\bar{C}D\bar{E}F$	$1.2 \times 10^{-6} + 6.9 \times 10^{-6} = 8.1 \times 10^{-6}$
UVCE	$A\bar{B}CDE + A\bar{B}\bar{C}DE$	$6.1 \times 10^{-6} + 34.4 \times 10^{-6} = 40.5 \times 10^{-6}$
局部性熱危害	$AB\bar{F}$	8.0×10^{-6}
安全洩漏	$A\bar{B}C\bar{D} + A\bar{B}\bar{C}\bar{D}$	$1.4 \times 10^{-6} + 7.6 \times 10^{-6} = 9.0 \times 10^{-6}$

參考文獻

1. Guidelines for Hazard Evaluation Procedures, second edition with worked examples, AIChE, 1992.
2. Guidelines for Chemical Process Quantitative Risk Analysis, AIChE, 1989.
3. 危險性工作場所製程安全評估訓練教材，工研院環境與安全衛生技術發展中心。

第4章

半定量風險評估：作業安全分析

職業安全衛生管理計畫的重點應針對法規要求及具重大風險（significant risk）之兩種作業進行評估，提出量化指標，以便規劃改善計畫。但量化風險如採用建立物理模式（physical models）和效應模式（effect models）的作法，除需對作業系統或製程充分了解外，尚需非常專業的理論研究及操作資訊的累積，並不容易，且化學工業常用的危害與可操作性分析（HazOp），核能電廠、電子系統、航空太空系統常用的失誤模式與影響分析（FMEA）或失誤樹分析（fault tree analysis）並不見得適用於其他領域。因此，本章中將介紹較簡易的半定量方法，其中歸納了許多前人的經驗法則，例如：關鍵性作業辨識與分析、「風險矩陣」（risk matrix）之應用等，可能較適合應用於鋼鐵工業、汽車工業、機電工業、裝配作業、批式作業、維修作業等。

4.1　關鍵性作業辨識

　　是否每一項作業均需要分析？若以一個有五十個職務的工廠為例，假設每一個職務平均有二十個作業，那麼就有將近一千個作業需要分析，且在日後需定期加以檢討與更新，這將會是一項極費時費力的工作，因此應用「關鍵性少數原則」（critical few principle）辨識出關鍵性作業，以期將有限人力與物力用於最需要管制的作業上，應是較可行的方式。

　　如何辨別關鍵性作業？我們可以從下面幾個觀點來考量：

1.如果此項作業執行不適當時會造成什麼危害？

2.如果此項作業執行不適當，於作業完成後會造成什麼危害？

3.這些危害會有多嚴重？（這項作業的傷害嚴重率如何？造成

的成本、品質、製程損失有多大？是否其他部門、人員亦會
受到影響？）

4. 危害重複發生的頻率（frequency of occurrence）有多高，通
常我們可以單位時間內此項工作被執行的次數與其可能發生
意外事故的機率（probability of loss）來判斷。

以下我們將以三個量化的指標來判別此項作業是否為關鍵性作
業，以增加其客觀性。這樣做會比由主觀概念來判別其是否為關鍵
性作業來得恰當。這三個考量點即是：嚴重度（severity）、危害暴
露頻率（frequency of exposure）與損失發生的機率（probability of
loss）。

4.1.1　嚴重度

我們以0、2、4、6四個點數來代表一作業可能造成危害的嚴
重度，點數愈高代表危害性愈高。

0：不會造成人員傷亡、職業病，製程、環境及財產損失低於
x元。

2：人員輕微傷害（無損失工時），製程、環境及財產損失介
於x元至y元。

4：人員傷害（有損失工時），製程、環境及財產損失介於y元
至z元。

6：人員永久失能，製程、環境及財產損失高於z元。

由上述之定義我們可以發現「嚴重度」不只可從人員傷害來考
慮，製程中斷、財產與環境損失也應考量。另外，上述中之x、
y、z值可依公司規模大小自行定義，對於大公司而言，可相對定

高一點，範圍拉大一點，而小公司則可以相對減少。

4.1.2　危害暴露頻率

危害暴露頻率可以用**表4.1**的方式來考量。

表4.1中點數愈高代表危害性愈高，例如以A作業為例，其作業時操作員人數為二人，此項作業每天執行二次，則其危害暴露頻率指標為2。

4.1.3　損失發生的機率

我們以-1、0、1三個點數來表示：

-1：低（例如每年少於一次）。

0：中（例如每年一至二次）。

+1：高（例如每年二次以上）。

損失發生機率點數決定可以從下面幾個方面來考量：

1.危害性（hazardousness）：例如其可能接觸之有害化學物質毒性、機器設備危險性等。
2.困難性（difficulty）：例如作業技巧之困難度。
3.複雜性（complexity）。

表4.1　危害暴露頻率評估表

每項作業執行人數（直接影響）	每人每天作業執行次數		
	少於一次	一至二次	二次以上
1	1	1	2
2-3	1	2	3
4 人以上	2	3	3

我們可以選擇一項作業為基準（設定其損失機率指標為0），然後將其他作業與之比較以決定其相對指標值。

　　將上述三個指標，嚴重度、危害暴露頻率及損失發生機率加總即為此項作業之整體危害指標（約是0至10），然而到底指標值為多少才算是關鍵性作業，可以依工廠特性與人力、經費自行加以定義，這可以以一個階段性政策來考量，例如某工廠共有一千項作業，其中點數高於8的有七十項，點數介於5至8有二百項，低於5有七百三十項，因此在成本、人力考量下，可將關鍵性作業指標定在8以上（含），如此第一階段需執行關鍵性分析及管制的作業數目約為七十項，待此七十項作業分析完成後，則可再降低指標值，將一些次危害作業納入。這其實就是「關鍵性少數」原則之應用，所謂關鍵性少數原則即是在所有工作中的20％至30％作業，其重要性較高，當將其完成時即可達成80％的目標。

　　上述的工作可以依**圖**4.1的流程來規劃執行，並利用**表**4.2來進行，我們可以於風險評估欄下，填入作業之三個指標，加總數超過預定值則可評定為關鍵性作業。**表**4.3是一分析的實例。以上的評估模式是國際損失控制協會（International Loss Control Institute, ILCI）在 *Practical Loss Control Leadership* 一書中對於作業分析及其步驟所建議的方法，給了我們許多基本的思考。然而現今大部分的學者對於「風險」的定義或實務上的應用皆採用：潛在危害發生的或然率／頻率（likelihood/frequency）與發生後可能的嚴重率／後果（severity/consequence）的組合，因此似乎以二者的乘積作為指標更易為人所接受。

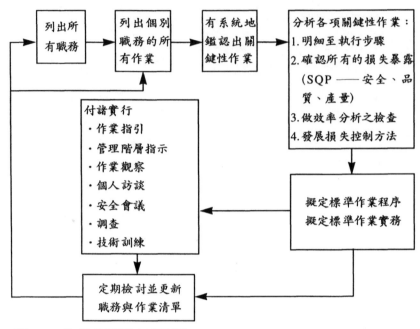

圖4.1 作業分析與步驟架構

表4.2 作業分析清單

職務或職銜：＿＿＿＿＿＿＿＿＿＿＿

撰寫人員：＿＿＿＿＿＿＿＿＿＿ 部門：＿＿＿＿＿＿＿ 撰寫日期：＿＿＿＿＿

分析人員：＿＿＿＿＿＿＿＿＿＿ 複查人員：＿＿＿＿＿ 複查日期：＿＿＿＿＿

作業項目	損失暴露	風險評估			計畫要求					
		嚴重度	暴露頻率	發生機率	關鍵性作業？	工程改善	建立標準作業步驟或實務	技術訓練	訂定特殊規則	工業衛生評估	其他
列出某職務從業人員通常所做或可能做的所有作業或活動	考量安全、衛生、損壞、火災、品質或生產問題；考量對人員、設備、物料及環境之影響									

表4.3 作業分析實例

職務或職衛：　研磨操作員

撰寫人員：　林○○　　　部門：　研磨部　　撰寫日期：　4/18/1990

分析人員：　林○○、吳○○　　複查人員：李○○　　複查日期：　4/25/1990

作業項目	損失暴露	風險評估				計畫要求					
列出某職務從業人員通常所做或可能做的所有作業或活動	考量安全、衛生、損壞、火災、品質或生產問題；考量對人員、設備、物料及環境之影響	嚴重度	暴露頻率	發生機率	關鍵性作業？	工程改善	建立標準作業步驟或實務	技術訓練	訂定特殊規則	工業衛生評估	其他
1.導引並調整研磨機的研磨面/研磨區域；開工前檢查。	因前一班操作後產生之不標準狀況。	5	2	0	7		✓	✓			
2.同時調整球磨傾斜度和出口皮帶使之同步。	物料溢流外洩，影響下游供料。	4	2	0	6				✓		
3.啟動研磨電路。	適當的時間設定與設備開機程序需被遵循，否則無法作動。	3	1	0	4				✓		
4.啟動顆粒大小監測器。	如果監測器未連線，研磨中的問題無法偵測，將損及產品品質。	6	2	1	9		✓	✓			
5.打開兩個棒狀傳動系統驅動單元的馬達C-12與C-14。	如馬達已啟動時，傳動單元可能嚴重損壞。	5	3	1	9		✓	✓			
6.更換鋼棒。	在旋轉篩下舉起磨損的鋼棒可能打傷背部。可能掉落造成重大傷害。手與手指受傷。或造成球磨機過載。	4	2	0	6	✓	✓	✓			
7.礦石加入球磨機。	機械性傷害。暴露於氰化物及石灰石粉塵。不當的入料將造成阻塞或不同礦石的不當分離。	5	2	1	8		✓	✓		✓	

4.2 應用「風險矩陣」於半定量分析

我們在前節中已定義了「風險」，需涵蓋考慮潛在危害或潛在事件的「頻率」與「後果」，如何將這兩者組合後加以量化，本節中提供並探討另一種模式，即採用「風險矩陣」的觀念，交叉考慮不同「頻率」與「後果」組合下的風險。

使用「風險矩陣」執行評估前，首先應先定義後果之嚴重性等級，如**表4.4**，分別考慮環境衝擊、人員傷亡、財產損失、生產損失等四種控制的目標，評估時則選取其中最嚴重的因素作為衡量基準，以決定是其中最嚴重的A級到最輕微的E級中的嚴重性等級。表4.4中的四種因素，尤其是財產損失與生產損失只是一項示範，事業單位或製程工廠可依其規模及特性自行定義其適用的範圍。其次是定義發生之可能性等級，**表4.5**也是一項示範，只是依以往的工業經驗粗略的區分其發生頻度。決定由表4.4及表4.5定義的兩項指標後，再利用**表4.6**決定風險等級。如為等級1級的風險，表示是不可接受的風險（unacceptable risk），應立即進行改善；等級2級的風險，可在合理的期程內進行改善工作；等級3級以下的風

表4.4 後果嚴重性分類

	環境衝擊 （洩漏中毒）	人員傷亡	財產損失	生產損失
A	及於廠外	一人死亡或三人受傷	2,000萬以上	停工一月
B	及於場（製程單元）外	永久失能	1,000萬至2,000萬	停工二週
C	工場（製程單元）內	暫時失能	500萬至1,000萬	停工一週
D	局部設備附近	醫療傷害	500萬以下	短時停爐
E	無明顯危害	無明顯危害	無明顯危害	無明顯危害

表4.5　後果可能性分類

1	經常的，相似工廠操作中，一年一次或數次。
2	可能的，相似工廠操作中，約一至十年發生一次，或十家相似工廠一年至少發生一次以上。
3	也許的，相似工廠操作中，約十至百年發生一次，或百家相似工廠一年至少發生一次以上。
4	稀少的，相似工廠操作中，約百年以上發生一次，或百家相似工廠一年發生一次以下。
5	極少的，不大可能發生的。

表4.6　風險等級表

後果嚴重性	後果可能性				
	1	2	3	4	5
A	1	1	2	3	無可能
B	2	2	3	4	無可能
C	3	3	4	4	無可能
D	4	4	4	4	無可能
E	無危害	無危害	無危害	無危害	無危害

1：不能接受，應儘速改善以使風險等級降至3或3以內。

2：不宜接受，應於合理期限前改善，以使風險等級降至3或3以內。

3：條件接受，確認其是否有適當之作業程序控制與安全保護，並能適當運作發揮應有之功能。

4：現況接受，可以不採取任何措施。

險，則需另考慮公司的政策、作業標準、設備已有之安全防護狀況、經濟因素等，以決定是否改善，或改善的程度。等級4則為可接受之風險。

　　除了以頻率和後果兩項因素直接定義風險等級外，亦可以危害性物質的操作量與人員的暴露等級兩項因素來定義「風險矩陣」，如圖4.2是其評估流程，表4.7是其排序矩陣。評估時可由設備或作業的實際操作人數決定初步暴露等級，再依設備的壽命與老舊狀

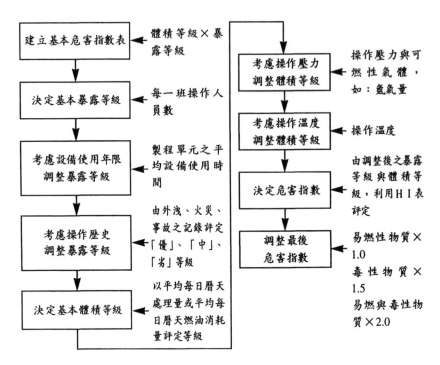

圖4.2　風險排序方法之範例

表4.7　危害等級指數（HI）表之範例

暴露等級

40	100	110	120	130	140	150	160	170	180	190
30	90	99	108	117	126	135	144	153	162	171
25	80	88	96	104	112	120	128	136	144	152
20	70	77	84	91	98	105	112	119	126	133
15	60	66	72	78	84	90	96	102	108	114
10	50	55	60	65	70	75	80	85	90	95
4-5	40	44	48	52	56	60	64	68	72	76
2-3	30	33	36	39	42	45	48	51	54	57
1	20	22	24	26	28	30	32	34	36	38
0	10	11	12	13	14	15	16	17	18	19
	25	50	100	200	400	800	1600	3200	6400	12800

體積等級

況調高等級，及過去的操作記錄，是否曾發生故障或意外事故，調高或調低等級；另以運轉量、處理量或是燃料消耗量決定初步體積等級，再依操作之壓力、溫度或是其他重要製程操作參數調整此等級，由此二者最後的等級數找到表4.7中的對應風險值。如對全廠區的設備及作業利用圖4.2及表4.7進行評估，則可得到全部設備及作業的風險排序。

（註：表4.4、表4.5、表4.6、表4.7僅為說明相對風險或風險等級的半定量觀念與作法，表中的數字、金額、程度範圍可由各事業單位或工廠視其規模及可承受之風險程度來加以定義。）

4.3　案例研討一

本例中我們以鋼鐵工業為例探討其風險評估。鋼鐵工業製程是重工業中非常複雜的製程，包括上游的煉鐵、中游的煉鋼及下游的軋鋼，基本原料礦石與煤投入高爐後經操作條件的控制產生鐵水及副產物爐渣，因此此段有礦冶技術及類似化學工廠的煤焦油分離製程；再經由轉爐產生各種不同規格的鋼材；最後再至軋鋼廠製造為不同的型鋼產品，因此後段製程則為機械加工之型態。所以鋼鐵工業製程涵蓋了重型的窯爐、高溫作業、高壓氣體、管線系統、連續式的流程、批式的加工作業等等，要發展出一套適用於各種型態操作或作業的風險評估模式是極大的挑戰。我們提出的危害鑑別與風險分析模式，並經實際的工業實務驗證和試評後，歸納如以下說明：

1. 風險定義為工作／作業潛在危害之頻率及其後果（嚴重度）的組合指標，所以（風險）＝（頻率）×（嚴重度），而其

中（頻率）＝（暴露率）×（發生機會），暴露率係指單位時間作業次數，發生機會則為介於0與1間的或然率。因此（風險）＝（暴露率）×（發生機會）×（嚴重度），此三項指標分別再定義於**表4.8**、**表4.9**、**表4.10**。

2. 風險評估的目的為鑑識／評估危害，不是重新設計工作方法，因此僅需依作業方法及本標準加以研判風險是否不可接受、是否要提出管理方案或進一步檢討作業方法，而非就此修改作業方法，也不是要立即提出緊急處理步驟。

3. 暴露率評分（表4.8）。

4. 危害事件發生機率評分（表4.9）。

5. 事故可能影響結果評分（表4.10）。

表4.8　暴露率評分

作業狀況	評分
持續作業（平均每日一次以上）	10
經常作業（平均每週一次以上）	6
偶爾作業（平均每月一次以上）	3
不常作業（平均每季一次以上）	2
少有作業（每年一次以上）	1
非常少有（每五年一次以上）	0.5

表4.9　危害事件發生機率評分

發生機率	評分
較可能（quite possible）：無防護設施（硬體），或其發生機率為1/1,000	10
可能（possible）：有設置一項防護設施，或其發生機率為1/10,000	2
幾乎不可能（virtually impossible）：設置多重防護設施，或其發生機率為1/100,000	0.5

6.有多種危害型態的作業評估時,「事件發生機率評分」與
「可能影響結果評分」填寫其中最嚴重者作爲該作業之代表
指標。

7.由前述三項評分之乘積評估風險危害等級(**表**4.11)。

以下我們以煤化學工廠分離槽排廢料作業程序爲示範,其安
全工作程序如**表**4.12,利用以上基準評估此作業的潛在風險:

1.該作業狀況爲平均每週需進行一次排料,以出空累積在槽內
的廢液和溶渣,因此如表4.8爲經常性作業,暴露率等級=
6。

2.該作業爲人工作業,雖要求作業人員穿戴個人防護器具,但

表4.10　事故可能影響結果評分

嚴重度	評分
非常重大災害(多人死亡或損失>NT 三億)	100
重大災害(死亡一人或損失>NT 三千萬)	40
高度災害(重傷或損失>NT 三百萬)	15
中度災害(輕傷或損失>NT 三十萬)	7
輕度災害(微小影響或損失>NT 三萬)	3
虛驚事故或損失三萬元以下	1

註:1.等級及損失換算公式爲等級=(損失/3000)^{04}
　　2.嚴重度指標爲考慮所有防護措施失效下的可能最壞後果

表4.11　風險危害等級

風險評分	風險等級	參考建議
>400	1:非常高風險	立即採取改善或應變措施
200 至 399	2:高度風險	優先執行進一步評估後決定是否改善
70 至 199	3:中度風險	考慮採取改善措施
20 至 69	4:低度風險	考慮公司政策後決定是否改善
<20	5:可接受風險	可接受

表4.12 安全工作程序（範例）

工作名稱：D505 排muck 程序　　　　　　　　　　　　　單位：煤化學工廠

工作步驟	工作方法	不安全因素	安全防護	事故處理
1.事前準備	1-1 夜班接班時停止進料，洗油進料閥手動全關，調整 FC5014 直接蒸氣由 $800kg/cm^2$ 升至 $1000kg/cm^2$ 持續加熱約5小時。 1-2 檢查buggy桶是否定位。 1-3 通知控制室，D505 準備排muck，手動全關FC5014 直接蒸氣。	1.muck 排放前應試排，確定能固化，方可繼續排放。 2.muck 排放閥應緩緩開啓，避免因排放量過大傷及人員，或產生水氣爆。	1.安全帽 2.安全皮鞋 3.皮手套 4.安全面罩 5.有機口罩	1.muck 排放時應避免溢出污染環境。
2.purge 管線	2-1 通知控制室，D505 準備 muck。 2-2 3"×2"雙套管，開入蒸氣加熱。 2-3 關閉muck 出料閥，打開 muck 排料閥，以蒸氣 purge，確認管線暢通。	3.打開蒸氣 purge 閥時須注意 steam 是否外洩。		
3.排 muck	3-1 關閉purge 之蒸氣，打開 muck 出料閥，排 muck 至排淨蒸氣跑出。 3-2 關閉muck 排料閥，打開蒸氣purge 至D505 管線。	4.muck 排放時人員務必戴上安全面罩以策安全。		
4.再 purge 管線	4-1 關閉muck 出料閥，打開 muck 排料閥，以蒸氣 purge10 分鐘，關閉蒸氣。 4-2 關閉雙套管之加熱蒸氣，完成排muck 作業。 4-3 通知控制室，D505 進料。	5.buggy桶於 muck 排放前不可事前加水，於排放完畢可加入水避免有機氣外逸。		

因無其他硬體設施保護，如護具使用不確實，可能會發生危害，所以評為表4.9中的較可能發生，發生機會等級＝10。

3. 頻率是前二者的乘積，故為60。

4. 由表4.12中的描述，不安全因素包括了水氣爆、蒸氣外洩、有機蒸氣暴露及高溫燙傷、濺傷等，皆可能造成作業人員重傷，屬於表4.10中的高度災害，嚴重度等級＝15。

5. 風險是頻率和嚴重度的乘積，所以此作業的風險評分是900。

6. 以表4.11評估風險等級是1。

另圖4.3則示範轉爐煉鋼完整製程之重要步驟的危害辨識流程圖，各項作業的危害辨識表列於表4.13，而以前述風險分析標準所進行的評估結果如表4.14。

4.4 案例研討二

風險評估的模式如前文雖有可參考的模式與前人的經驗可以利用，但終將因各事業單位、各工廠的製程特性、作業型態、規模、作業頻率而異，因此並沒有通用的模式或最佳的模式可言，而是要視前述因素量身訂做的。總而言之，所使用的風險評估方法必須能明顯地鑑別出製程工廠或作業現場中各種不同操作／作業的潛在風險之高低，才能有效地協助我們制訂後續的風險控制計畫。本例中我們另以產品裝配型的作業生產線為例，示範另一做法，雖與前例極類似，但其中所考慮的變因與參數做了必要性的調整。

表4.15是作業安全分析填表說明與評估基準的範例，我們以此標準進行冷氣機散熱板製造及組裝生產線的作業安全分析，作業

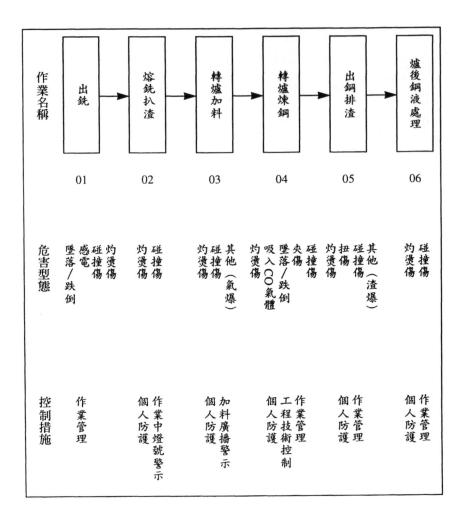

作業名稱	出鐵	熔銑扒渣	轉爐加料	轉爐煉鋼	出鋼排渣	爐後鋼液處理
	01	02	03	04	05	06
危害型態	墜落／跌倒 感電 碰撞傷 灼燙傷	灼燙傷 碰撞傷	灼燙傷 碰撞傷 其他（氣爆）	灼燙傷 吸入CO氣體 墜落／跌倒 夾傷 碰撞傷 灼燙傷 扭傷 碰撞傷 其他（渣爆）	灼燙傷	碰撞傷 灼燙傷
控制措施	作業管理	個人防護 作業中燈號警示	個人防護 加料廣播警示	個人防護 工程技術控制 作業管理 個人防護	作業管理	個人防護 作業管理

圖4.3　轉爐煉鋼危害辨識流程圖（示範）

表4.13 轉爐煉鋼危害辨識表（示範）

作業名稱及編號		使用原物料/設備/工具	危害型態編號	危害型態說明	備註
出銑	01	熔銑/出銑台車、魚雷車	W322-04-01-A01	人員上下魚雷車跌倒或跌落熔銑坑	
			W322-04-01-J01	被拖運魚雷車之機關車撞及	
			W322-04-01-F01	插入魚雷車插座時感電	
			W322-04-01-J02	被出銑台車撞及	
			W322-04-01-D01	熔銑外洩或噴濺灼傷	
熔銑扒渣	02	熔銑/扒渣機	W322-04-02-D02	熔銑噴濺灼傷	
			W322-04-02-J03	被扒渣機撞及	
轉爐加料	03	廢鋼、熔銑/天車	W322-04-03-J04	廢鋼掉落擊傷	
			W322-04-03-D03	熔銑噴濺灼傷	
			W322-04-03-D01	熔銑裝入時氣爆	
轉爐煉鋼	04	鋼液、副原料/轉爐、吹氣管、副測管、合金與副原料投料系統	W322-04-04-J04	鋼液或爐渣噴濺灼傷	
			W322-04-04-J05	爐口、護罩、吹氣管地金掉落擊傷	
			W322-04-04-B01	在16米以上樓層作業吸入CO氣體	
			W322-04-04-D05	吹煉中火焰冒出灼傷	
			W322-04-04-J02	吹煉中氣爆	
			W322-04-04-J06	敲擊副測管地金時被敲擊工具或地金擊傷	
			W322-04-04-C01	處理加料設備堵料時被閘門夾傷	
			W322-04-04-J07	處理加料設備堵料時手部撞及設備	
			W322-04-04-J08	廢鋼槽之地金或廢鋼掉落擊傷	
出鋼排渣	05	鋼液、合金/轉爐、合金投料設備、台車/堆高機	W322-04-05-D06	鋼液或爐渣噴濺灼傷	
			W322-04-05-J09	被作業中堆高機撞及	
			W322-04-05-I01	物料搬運姿勢不正確扭傷	
			W322-04-05-J10	出鋼台車開動時撞及人員	
			W322-04-05-D03	排渣時渣爆	
爐後鋼液處理	06	鋼液、廢鋼/台車天車	W322-04-06-D07	測溫與冷卻材投入時鋼液噴濺灼傷	
			W322-04-06-J11	被作業中堆高機撞及	
			W322-04-06-J12	出鋼台車開動時撞及人員	

表4.14 轉爐煉鋼風險評估表（示範）

作業名稱及編號	危害型態編號	作業狀況評分 (A)	發生機率評分 (B)	頻率(C) A×B	可能影響結果評分 (D)	風險評分 C×D	風險等級	現有控制措施 SJP編號	緊急應變措施（編號或名稱）	風險接受度 可接受	不可接受	備註
01 出銑	W322-04-01-A01	10	0.5	5*	15	75	3	W322A-001				
	W322-04-01-J01	10	2	20	7	140	3	W322A-001				
	W322-04-01-F01	10	0.5	5	3	15	5	W322A-001				
	W322-04-01-J02	3	10	30	1	30	4	W322A-001				
02 熔銑扒渣	W322-04-02-D01	10	2	20	7	140	3	W322A-001				
	W322-04-02-D02	10	2	20	7	140	3	W322A-002				
	W322-04-02-J03	10	2	20	1	20	4	W322A-002				
03 轉爐加料	W322-04-03-J04	10	0.5	5	7	35	4	W322B-003				
	W322-04-03-D03	10	2	20	7	140	3	W322B-004				
	W322-04-03-D01	10	0.5	5	40	200	2	W322B-004				
04 轉爐煉鋼	W322-04-04-J04	10	2	20	7	140	3	W322C-001				
	W322-04-04-J05	10	0.5	5	7	35	4	W322C-008				
	W322-04-04-B01	10	0.5	5	40	200	2	W322C-008				
	W322-04-04-D05	10	2	20	15	300	2	W322C-008				
	W322-04-04-J02	10	0.5	5	40	200	2	W322C-008				
	W322-04-04-J06	6	2	12	7	84	3	W322G-002				
	W322-04-04-C01	3	2	6	3	18	5	W322C-006				
	W322-04-04-J07	3	2	6	3	18	5	W322C-006				
	W322-04-04-J08	10	2	20	7	140	3	W322C-008				
05 出鋼排渣	W322-04-05-D06	10	2	20	7	140	3	W322E-002				
	W322-04-05-J09	10	2	20	3	60	4	W322E-002				
	W322-04-05-J01	10	2	20	3	60	4	W322E-002				
	W322-04-05-J10	10	2	20	3	60	4	W322F-001				
	W322-04-05-D03	10	2	20	15	300	2	W322E-002				
06 爐後鋼液處理	W322-04-06-D07	10	2	20	7	140	3	W322F-004				
	W322-04-06-J11	10	2	20	3	60	4	W322F-004				
	W322-04-06-J12	10	2	20	7	140	3	W322F-001				

表4.15 作業安全分析填寫說明表（範例）

作業安全分析填寫說明	
作業流程圖	填寫這個製程中每一個步驟所需的作業流程。
使用原物料／設備／工具	填寫這個作業流程中所需要使用到的物料、設備、工具。
可能發生危害型態	填寫這個作業流程中隨時可能發生的危害。
危害所產生的型態可大致分為下列幾種：	

危害類型	危害原因
撞傷	被移動中物品撞及、堆積的物品翻覆、吊掛中的物品掉落、撞到擺設不當物品。
割傷	物件毛邊銳利、使用刀具方式不正確。
感電	觸及未絕緣電線、電線破裂有傷口、應該接地未實施。
燙傷	灼熱物品未設防護。
夾傷	被移動中物體夾到、被移動中機械夾到。
墜落	沒有適當登高工具、沒有適當防護具、沒有適當防護設備。
跌倒	地面過滑、地面有坑洞、地面物品太多。
暴露傷害	噪音過高、化學溶劑散發於空氣中濃度過高、溫度過高、作業光害。
外物入眼	空氣中懸浮粒子過多、機械運轉噴出屑料。

風險等級（頻率）	
發生頻率判斷	分數
每日都需要發生這個動作流程	4分
每週不定期會發生這個動作流程	3分
每月不定期會發生這個動作流程	2分
每年不定期會發生這個動作流程	1分

風險等級（嚴重度）	
嚴重度判斷	分數
會造成人員永久失能（例如死亡、截肢、失明）。	4分
會造成人員受傷損失工時達一日以上，但不會永久失能，可於治療完成後回原工作單位。	3分
會造成人員受傷，但可於工作單位或員工診所醫療後立即回工作現場繼續工作。	2分
不會造成人員受傷，屬於虛驚事件。	1分

(續) 表4.15　作業安全分析填寫說明表（範例）

風險等級（發生機率）	
發生機率判斷	分數
每天都有可能會發生一次以上	4分
每天至一星期就可能發生一次以上	3分
一星期以上至一個月才可能發生一次以上	2分
一個月以上至一年內才可能發生一次以上	1分
不可能發生	0分

風險等級（風險等級）	
風險評分計算	風險等級分類
頻率*嚴重度*發生機率≧48分	第一級
頻率*嚴重度*發生機率≧32分	第二級
頻率*嚴重度*發生機率≧16分	第三級
頻率*嚴重度*發生機率≦15分	第四級
頻率*嚴重度*發生機率＝0分	極低風險

控制措施	
作業規章	這個作業流程有無制定操作基準或作業規範，若有制定者，請填寫規章名稱，若無制定者，也請填寫無制定。
教育訓練	這個作業流程中有無需要作教育訓練，例如焊接訓練、堆高機訓練、吊掛作業訓練等。
防護器具	這個作業流程中有無需要使用相關適當之防護具。
健康檢查	這個作業流程中的操作人員於分派時是否需要參考應徵時的體格檢查表；這個作業流程中操作人員是否需要每年做特殊健康檢查。
危害控制	這個作業流程中是否需要做隔音設備、局部排氣設備、接地設施等防止危害發生之措施設備。
緊急應變	這個作業流程中是否會因突發狀況造成危害而需要安裝相關緊急應變控制裝置或定期做相關防範演練。
危害工作許可	這個作業流程中的作業需要取得相關單位許可，方可進行施工。
其他	關於這個作業流程的安全控制措施有其他建議均可填入。

流程包括鋁片吊料作業、鋁片沖製作業、積片作業、擴管作業等，分析示範記錄如**表**4.16。然後再進一步針對風險等級較高的鋁片吊料作業執行逐步驟的工作步驟安全分析，分析示範記錄如**表**4.17。

表4.16 裝配作業安全分析（示範）

製程名稱：冷氣機散熱板製造及組裝線

製表日期：88年6月24日

作業流程	使用設備/原物料/工具	可能發生危害型態	風險等級					控制措施							
			頻率 (A)	嚴重度 (B)	發生機率 (C)	A*B*C= (D)	風險等級 (R)	作業規章 (G)	教育訓練 (T)	防護器具 (P)	健康檢查 (H)	危害控制 (CL)	緊急應變 (E)	危險工作許可 (W)	其他 (O)
鋁片吊料作業	捲裝鋁片 固定式起重機	割傷 壓傷	4	4	4	64	1	PEA-12004	起重機、吊掛合格證照	安全帽、安全鞋、手套	—	—	—	—	—
鋁片沖製作業							1	PEA-12004							
a.沖床之操作	100噸沖床 鋁片	夾傷 暴露傷害	4	4	4	64	1	—	操作訓練	手套 耳塞	特殊健檢	隔音設備 雙手啟動開關	—	—	—
b.模具之調整	沖模 量具 手工具	壓傷 割傷	3	4	3	36	2	—	操作訓練	手套 耳塞	—	—	—	—	—
c.轉盤之操作	轉盤裝架 轉動搖桿 鋁片捲	捲入 碰傷 割傷	4	2	1	8	4	—	操作訓練	手套 耳塞	—	—	—	—	—

(續)表4.16 裝配作業安全分析(示範)

製程名稱:冷氣機散熱板製造及組裝線

作業流程	使用設備/原物料/工具	可能發生危害型態	風險等級					控制措施							
			頻率(A)	嚴重度(B)	發生機率(C)	A*B*C=(D)	風險等級(R)	作業規章(G)	教育訓練(T)	防護器具(P)	健康檢查(H)	危害控制(CL)	緊急應變(E)	危險工作許可(W)	其他(O)
積片作業							3	PEA-45003							
a. 支架組立	鐵支桿、積片立架、手工具	割傷	4	1	2	8	4	—	—	耳塞	—	—	—	—	—
b. 積片組裝	鋁片、鋼管、手工具	割傷	4	3	2	16	3	—	—	耳塞	特殊健檢	隔音設備	—	—	—
擴管作業							4	PEA-42005							
a. 尺寸之稱樣	擴管機、擴管模具、手工具	夾傷	3	3	1	9	4	—	操作訓練	耳塞	—	—	—	—	—
b. 擴管組立	擴管機、擴管模具、手工具	夾傷、暴露噪害	3	3	1	9	4	—	操作訓練	耳塞	特殊健檢	隔音設備、製手啟動開關	—	—	—
c. 特殊換模	擴管機、擴管模具、手工具	夾傷	2	3	1	4	4	…	操作訓練	耳塞	—	—	—	—	—

核定: 審查: 製表:

表4.17 工作步驟安全分析（示範）

○○廠　○○課 加工組沖片班線　　　　　　　　　　　　分析日期：88.08.26

製程名稱	沖片作業	作業者職稱	王○○		分析者	林○○　簡○○
工作名稱	鋁片吊料作業	工作編號	PEA12004		審核者	劉○○
潛在危害	壓傷、割傷、撞及……				安全防護器具	安全鞋、棉紗手套、耳塞

工作步驟	動作說明	危害	安全防護措施		安全工作程序
			現已使用	建議增設	
1.鋁捲料木外箱拆除	1.取用拆箱工具 2.佩戴安全防護具 3.木箱拆封 4.包裝木料清除	鋁片割傷 工具滑脫擊傷 包裝材割傷	1.工具使用前安全檢查 2.安全眼鏡手套檢查 3.依拆箱標準作業程序工作		1.工具使用前檢查辦法 2.個人防護具管理辦法 3.拆箱標準作業程序
2.吊車吊鋁捲料上架	1.吊車取用 2.勾取鋁捲 3.鋁捲吊升 4.鋁捲上架定位 5.吊車掛鉤取出 6.吊車歸位	撞及人員 鋁片割傷 纜繩／吊鉤斷裂 鋁捲壓傷 鋁捲壓傷 鋁片割傷 撞及人員	1.吊車定位 2.吊車作業前檢查 3.吊車作業前檢查 4.定位檢查	吊掛作業間現場指派監督協調員	1.吊車標準作業程序 2.自動檢查辦法（吊車）
3.鋁片捲吊起裝入機台	1.吊車取用 2.勾取鋁捲 3.鋁捲吊升 4.鋁捲裝入機台定位 5.吊車掛鉤取出 6.吊車歸位	撞及人員 鋁片割傷 纜繩／吊鉤斷裂 鋁捲壓傷 鋁捲壓傷 鋁片割傷 撞及人員	1.吊車定位 2.吊車作業前檢查 3.吊車作業前檢查 4.定位檢查	吊掛作業間現場指派監督協調員	1.吊車標準作業程序 2.自動檢查辦法（吊車）

參考文獻

1. Occupational Health and Safety Management Systems-Guidance, OHSAS 18002, 1999.
2. Bird, F. E., Jr. & G. L. Germain, Practical Loss Control Leadership, ILCI, 1990.
3. Blanchard, R. A. & G. M. Hou, Introduction of Process Safety Management to Semiconductor Industry, 1995.
4. Whiting, J. F., Risk Evaluation and Management System Workshop, 2002.

第 5 章

量化風險評估

Flixborough、Mexico City LPG、Bhopal、Philips 等一次又一次的重大工業災害，促使世界各國紛紛對工業製造危害之預防與應變訂定法案加以規範，且學術研究機構、專業學會亦逐漸投入此項整合性技術的研發與分析。美國職業安全衛生署（OSHA）所制訂的製程安全管理法規爲其中要求最完備的一項立法，我國勞委會隨即於次一年將相關規定納入勞動檢查法。然而 OSHA 法規的要求仍以定性分析爲主，1996 年美國環保署公布實施的風險管理計畫法案（40 CFR Part68 Risk Management Program Rule, RMP）則進一步要求量化風險分析，此一問題在許多國家的政府與業界間皆爭議多年，但似乎已是一項無可避免的發展趨勢。本章即引用美國化學工程師學會於 1989 年的出版品──《化學製程量化風險分析指引》（*Guidelines for Chemical Process Quantitative Risk Analysis*）一書的資料及其經驗，說明工業災害模擬與預測的方法及量化風險評估技術，並以其第八章之液氯槽車裝卸作業爲例，描述分析流程。

5.1　緒言

自 1984 年印度 Bhopal 事件造成二千人死亡之工業災變後，舉世各國紛紛對化學工廠之安全加以重視，針對危害之預防與應變之計畫與法案逐一建立，如 SARA Tital III、Control of Industrial Major Accident Hazards Regulation 等。美國 OSHA 於 1992 年 2 月完成 29CFR Part 1910.119 法案之正式立法，更針對高危害化學製程訂定「製程安全管理」法規，其中要求需選擇 checklist、what-if、HazOp、FMEA、FTA 之製程危害分析方法對該類化學製程進行評估。我國「勞動檢查法」於民國 82 年 2 月 3 日修訂公布，其中第 26 條也有類似之要求，即規定危險性工作場所非經勞動檢查機構審查

或檢查合格，事業單位不得使勞工在該場所作業。並於83年5月2日發布之「危險性工作場所審查暨檢查辦法」中亦要求製造、處理、使用危險物、有害物之危險性工作場所應進行製程安全評估。因此製程危害分析或風險評估已是一項世界性的趨勢，且在世界性的環境保護意識下，工業污染事件頻傳，工廠與社區糾紛不斷，然而工廠實施污染防治工作的同時，為免流於管末處理，其根本問題仍在對製程的管制，亦唯有有效的製程安全控制及安全衛生管理，才能徹底解決因工業發展所帶來的負面影響。

　　工業災害之模擬與預測即為利用製程危害分析技術，針對特定物質之特定製程／操作問題，探討因偏離（deviation）所產生之可能危害（hazard）與導致之後果（consequences）、設計目標（design intention）是否被確實執行、修改是否有經安全檢討、是否因考慮欠周而有危害之虞，並模擬危害之發生，將之量化，研判是否有風險（risk）太高之顧慮，如何採取預防措施或應變計畫等。

　　對於風險的定義及如何量化風險在以往的文獻或學術研究報告中已多所提及，而目前較為歐美國家工業界所認同的量化風險方式需討論潛在危害事件的發生頻率及發生後的嚴重性、影響或後果。圖5.1是化學製程量化風險分析（chemical process quantitative risk assessment, CPQRA）的方法架構和評估流程，即是典型的工業製程風險評估模式。

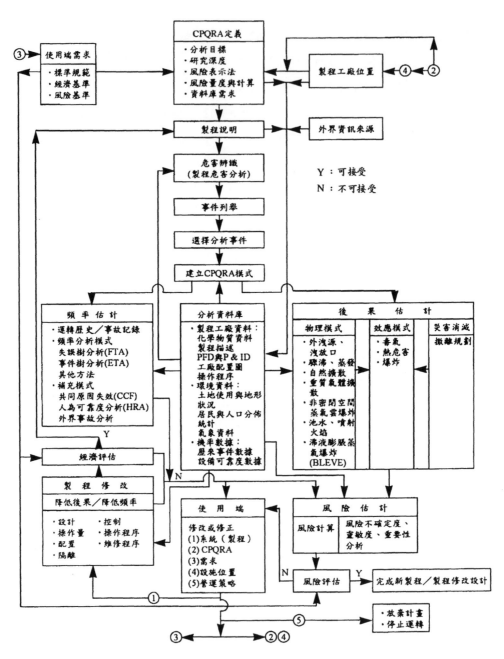

圖5.1　CPQRA方法及架構

5.2　化學製程量化風險分析程序

化學製程量化風險分析如圖5.1，須考慮以下各項事項及單元：

1. 化學製程量化風險分析（CPQRA）定義。
2. 系統描述（製程說明）。
3. 危害辨識。
4. 事件列舉。
5. 選擇分析程度。
6. 建立化學製程量化風險分析模式。
7. 潛在危害後果估計。
8. 潛在危害頻率估計。
9. 風險估計。
10. 風險分析（評估）及其應用。

5.2.1　化學製程量化風險分析定義

在執行CPQRA計畫之初需先建立或決定下列的事項，以作為專案執行時之依據：

1. 決定分析目標：CPQRA 的結果是為了了解目前的工廠或設施的潛在風險，作為改善的指標；或是用以評估新計畫的風險，作為決策參考；或是建立風險數據，作為與外界溝通（包括政府單位、民眾、保險公司等）的工具。
2. 決定研究深度。

3.決定風險值表示法：以將潛在外洩、火災、爆炸等不同類型
之危害取得同一的計算基礎，才能進一步比較評估。

4.決定各種基準（criteria）：包括需滿足政府、國內外各種專
業協會或公司內部的標準規範，事業單位自行建立的風險基
準（可接受的風險值）及經濟評估基準等。

5.建立分析資料庫：CPQRA所需的資料庫可分為三大類：

　(1)製程工廠資料：包括化學物質資料、製程描述、各種工
程設計圖件，有：廠區配置、製程流程圖（PFD）、管線
儀器圖（P & ID）等；各種操作程序，有：開爐程序、緊
急處理與停爐程序、歲修停爐程序、維修程序……；設
備設計規格及原理，主要是作為製程危害辨識時之參考
依據。

　(2)環境資料：包括工廠所在區域土地使用狀況、地形地物
狀況、居民與人口分布統計、氣象資料等。

　(3)機率數據：包括歷年來事件統計數據、設備可靠度統計
數據或失誤率（failure rate）。

5.2.2　危害辨識

以利用包括操作經驗、工程規範、檢核表分析、what-if分
析、危害等級法、失誤模式與影響分析（FMEA）或危害與可操作
性分析（HazOp）等方法來進行危害辨識，找出失誤原因及失誤後
果。

5.2.3　事件表列管理

一個有效率的CPQRA管理是在經過危害辨識後，應執行以下

兩個步驟,即事件列舉(enumeration)以及選擇分析事件
(selection),才進一步進行風險量化的工作。事件列舉是要確認所
有的潛在危害都已被考慮,且其中不具明顯危害者及重複考慮者將
被刪除。選擇分析事件則是進一步將會產生特定事件結果(incident
outcome)者減少至合理的數目,以利後續之研究與管理。

在使用初步危害分析、what-if分析、FMEA、HazOp等方
法,我們已成功地辨識出製程中的潛在危害,這些潛在事件大致可
分為兩大類,即製程物質的損失以及製程能量的損失,但其造成事
件後果的衍生途徑可能有許多種,如製程中化學物質外洩源可由管
線設備的裂縫、小破洞到管路斷裂、塔槽破裂;爆炸可由小量的易
燃性蒸氣雲到嚴重的爆轟,對此我們可參考**表5.1**的檢核表,來協
助整理、歸納事件,列舉可能發生的事件。這份查核表包括了不正
常的製程排放、不正常的損壞、不正常的修改、外在事件、製程偏
離等所引起的危害。

此外我們亦可製作另一份表格,如**表5.2**,涵蓋所有潛在製程

表5.1　製程危害事件檢核表

・反應性物質失控或外來熱源導致製程塔槽或儲槽超壓。

・塔槽或分離槽(knock-out drum)溢流。

・在操作期間打開維修接頭。

・泵浦軸封、閥桿迫緊、法蘭墊圈大漏。

・過量蒸氣流入排放口或蒸氣外排系統。

・熱交換器內管側破裂。

・製程塔槽破裂導致內容物瞬間外洩。

・塔槽噴嘴故障。

・小管線,如儀器連接線或分支管線斷裂。

・不適當的打開洩放閥或排放口。

表5.2　系統外洩風險評估因素

- 塔槽數目、功能描述、尺寸
- 操作物
- 塔槽條件（氣相、液相、粉塵或兩相、溫度、壓力）
- 連接管
- 管線尺寸（內徑與長度）
- 管線條件（氣相、液相、粉塵或兩相、壓差、溫度）
- 管閥安排（自動與手動隔離閥、控制閥、超流閥、止逆閥）
- 化學品含量（包括塔槽中和所有連接管中）

管線與塔槽外洩或破裂的資料，來協助列舉事件，而採用這種方法最重要的是考慮在緊急事故發生中無法隔離立即關斷的化學物質外洩量，表5.2是需檢討的因素。

5.2.4　選擇分析事件

　　所有的化學災害皆是由於危害性物質外洩或在製程系統中釋出能量所致，圖5.2是Mudan（1987）所發展出的事件樹，包含所有因危害性化學物質外洩損失所造成的事件結果。當然應用圖5.2於選擇分析事件時仍應考慮化學物質特性、外洩條件及影響途徑。

　　分析製程化學物質外洩後之擴散，需考慮的參數包括：風速、大氣穩定度、大氣溫度、濕度等。風險分析需辨識出所有參數的影響，及其導致的不同的特定事件後果；也就是利用每一個參數在不同特定條件下可能會發生的數據組合，估計其相當的各個事件結果。除外洩擴散外，另擴散濃度到達爆炸下限，及被引燃的機會亦是選擇分析事件中的重要考慮。

　　有效率的分析策略是先篩選參數範圍，選擇最少數目的事件結

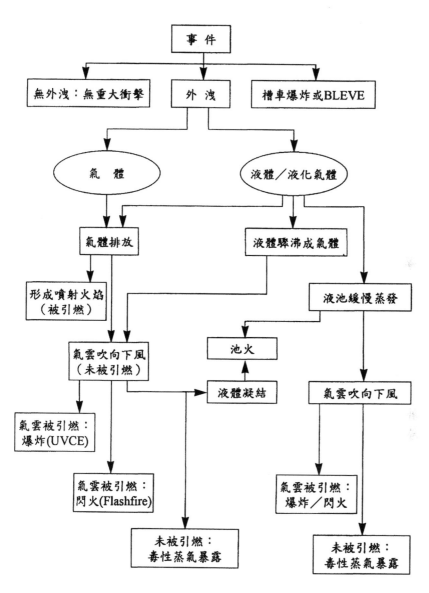

圖5.2　典型的危害性化學物質外洩事件樹

果，完成第一次的風險估計。再利用靈敏度分析法（sensitivity analysis），以每一個可能造成災害的參數的不同等級數值來評估風險，並檢核其是否到達各種危害指標（如：爆炸下限[LEL]、立即危及生命及健康濃度[IDLH]），以分析出所有的災害衍生的途徑。

5.2.5　建立化學製程量化風險分析模式

如圖5.1所示，CPQRA中需決定的量化數據包括潛在危害的頻率和後果，由此二者來決定風險值。但在歐美國家亦有些大型的工業集團公司特別針對某些特定的操作訂定頻率基準，例如認為某些製程的危害潛在失誤率不得超過 1×10^{-5} / 年，否則將強制加以修改，增設保護系統，或將遭到關廠的命運，則其CPQRA之風險值將以頻率分析為準。

5.2.6　潛在危害後果規模估計

考慮事件類型，有下列不同的物理模式：

1. 外洩危害源：包括常壓槽、壓力容器、氣體噴流（gas jet）、液體噴流（liquid jet）、兩相流體外洩（two-phase flow）、驟沸（flash）、蒸發（evaporization）。以不同之流體力學、熱力學模式模擬上述不同的物理現象。
2. 擴散模式：自然擴散或高斯模式（Guassian model）、重質氣體擴散模式（氣懸膠現象、各種輸送現象、簡化模式）、3-D計算流體力學模式（computational fluid dynamics, CFD）。
3. 火災：池火（pool fire）、噴射火焰（jet fire）、火球（fire ball）、氣雲火災。

4.爆炸：物理性爆炸、氣雲爆炸、沸液膨脹蒸氣爆炸（boiling liquid expanding vapor explosion, BLEVE）。

及將不同的危害事件之毒性、熱危害和爆震對人員或設備之衝擊，轉換成損害機率（百分比）指標之效應模式（effect models）。

5.2.7　潛在危害頻率估計

主要的方法有：以事件結果演繹分析其發生原因的失誤樹分析（FTA），及以起始事件（initiating event）衍生出各種後果的事件樹分析（FTA）。此外共同原因失效（CCF）和人為可靠度分析（human reliability analysis, HRA）等可以補充並估計前兩者不足的數據，及外界事故分析，例如：地震、颱風、鄰近製程火災爆炸的骨牌效應影響等，以估計外在風險。

5.2.8　風險評估及其應用

如圖5.1所示，風險評估結果如在可接受的風險基準內，則可繼續進行新製程的設計和建廠，或是繼續操作（針對既有工廠）；如超過可接受的基準則有五種處理方式：

1.修改系統：包括修改設計、修改操作量、改變控制方法或操作條件、修改設備配置、加設隔離及修改操作程序、維修程序等，不過這些改善措施還會經過經濟評估，以選擇其中最可行、最有效、最便宜的方式。
2.修正CPQRA的分析方式，以將其中不合理的數據去除。
3.檢討使用端需求，風險基準要求是否合理。
4.變更設施位置或遷廠。當然變更後的背景資料將完全或局部

不同，在下一次進行CPQRA計畫時亦需整體加以修正。

5.如前述四者皆不可行，將只有放棄新計畫，或關廠停止運轉，變更公司營運策略。

5.3　風險量度與計算

當我們就工安或環保的觀點來評估某一工業或工廠時，應該使用什麼工具來衡量其風險才是合理的？石化廠與核電廠是否就是高風險的工業呢？事實上風險應是事件發生的頻率與後果兩項指標相乘。因此，大型化工廠的潛在危害一旦發生，因其生產能量大，後果指標必然較大，但可藉由多重保護系統的設計來降低發生的頻率，進而降低風險；中小型工廠雖然其潛在危害後果指標低，但如欠缺保護系統，事故發生頻率高，反而會有較高的風險。在本節中首先敘述如何來量度及表示風險？然後將解釋個體風險（individual risk）及總體風險／社會風險（societal risk）的計算方式。

5.3.1　風險表示法

目前被歐美各國所採用為風險表示的方法主要有三種：風險指數（indices）、個體風險、總體風險或社會風險，**表5.3**所列是各種風險表示方法。**表5.4**是T. A. Kletz（1977）針對英國的各種行業或活動進行調查並換算成致命事故率（fatal accident rate, FAR）的數據，可供我們參考，並作比較，亦可藉此對不同行業及不同活動的可能風險及潛在危險度差距，建立合理的量化觀念。**圖5.3**是個體風險等高線的範例。**圖5.4**是個體風險分布圖的範例。**圖5.5**是總體風險或社會風險曲線，即F-N Curve的範例。

表5.3 風險表示法

風險量度	表示形式
1.風險指數（indices）	
社會成本當量指數 (equivalent social cost index)	・單一的價值指標
致命事故率 (fatal accident rate)	・活動或作業場所特定位置每10^8小時的致命估計值
個體危害指數 (individual hazard index)	・個體風險或FAR的尖峰估計值
平均死亡率 (average rate of death)	・每單位時間的平均死亡數估計值
死亡率指數 (mortality index)	・單一的後果指標
2.個體風險（individual risk）	
個體風險等高線 (individual risk contour)	・描繪在區域地圖上之相等風險值連接的封閉曲線
個體風險分布圖 (individual risk profile)	・以距離危害源不同位置對應其風險值作圖的分布曲線
最大個體風險 (maximum individual risk)	・單一數值，對人員而言為最高的個體風險值
暴露人口平均個體風險 (average individual risk [exposed population])	・單一數值，在暴露人員中之平均風險估計值
總人口平均個體風險 (average individual risk [total population])	・單一數值，在預期人口數中，不論其是否暴露於危害中之人員的平均風險評估值
3.社會風險（societal risk）	
社會風險曲線 (societal risk curve [F-N curve])	・以死亡、受傷或暴露數目，N對應其事件機率／頻率累積值（死亡、受傷或暴露數N及小於N的事件之所有機率總和）作圖的分布曲線

表5.4　英國各行業或活動的致命事故率

活動	致命事故率（致命數／10^8小時暴露）
全英國工業（總平均）	4
製衣與製鞋業	0-15
車輛製造	1-3
伐木、木材業、木器製造	3
造船業	8
農業	10
煤礦	12
鐵道轉轍員	45
營建業	67
留在家中（16-65歲間的人）	1
以火車為交通工具旅行	5
以汽車為交通工具旅行	57

資料來源：Kletz, "The Risk Equations — What Risks Should We Run?"

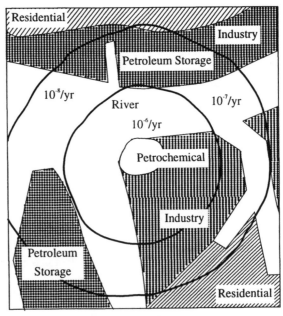

圖5.3　個體風險等高線範例

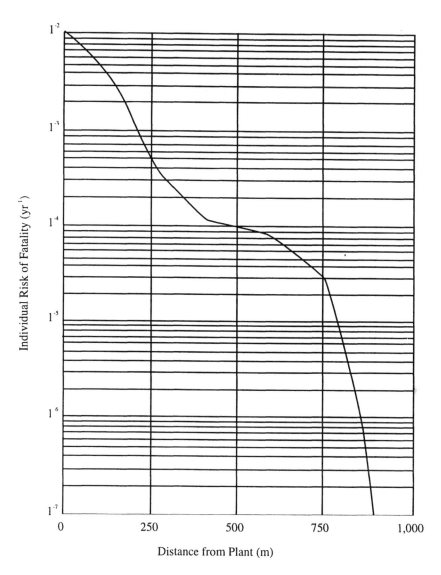

圖5.4　個體風險分布圖範例

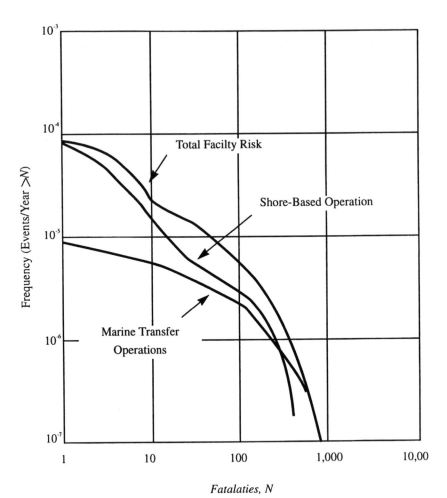

圖5.5　社會風險曲線（F-N Curve）範例

5.3.2　風險計算

　　風險指數分為絕對值與相對值兩類，例如DOW火災爆炸指數（F & EI）是一種相對值，表示火災之暴露（後果）指數，可作為

相對的比較，指數本身並不具任何意義；以下我們將介紹一種具有定義的風險指數（絕對值）：致命事故率（FAR）。

　　FAR定義為每10^8暴露小時內，潛在危害致命的數值。10^8暴露小時是以一千名人員，每人每天工作八小時，一年工作二百五十天，五十年工作生命為計算基準。若以一年作為計算週期，即以年為評估單位，則平均個體風險需乘$10^8/(24 \times 365) = 1.14 \times 10^4$。而在活動位置或作業現場座標x,y的個體風險的估計如下：

$$IR_{x,y,i} = f_i P_{f,i}$$

　　其中f_i＝潛在危害事件i發生的頻率，yr^{-1}

　　　　$P_{f,i}$＝潛在危害事件i在位置x,y處造成死亡的機率

又f_i的估計如下：

$$f_i = F_I P_{o,i} P_{oc,i}$$

　　其中F_I＝潛在危害I（會造成各種可能事件，其中之一是i）的發生頻率，可經由失誤樹分析獲得，yr^{-1}

　　　　$P_{o,i}$＝潛在危害I引發事件i的機率

　　　　$P_{oc,i}$＝潛在危害I引發事件i並具有形成事件i之充分條件的機率

　　例如易燃物外洩可能造成池火、火焰噴射、雲氣火災、火球、BLEVE、非密閉性氣雲爆炸或安全洩漏（未被引燃之外洩）；其中每一種事件都具有發生的機率（$P_{o,i}$）。而會發展為上述各事件是因為引火源的位置、引燃之時間遲延、天候的條件及現場裝置的位置與配置等因素所致；其中每一者的機率（$P_{oc,i}$）。（$P_{o,i}$，$P_{oc,i}$）之辨識可藉由事件樹分析獲得。如圖3.11之示範。

　　至於$P_{f,i}$則是後果指標，$P_{f,i}$的估計方式說明如後：

1.將後果分析的結果量化轉換為效應模式（effect model），定義效應模式的指標為機率單位（probability unit, Pr）

$$Pr = a + bln \; \upsilon$$

其中a，b和 υ 因不同類型的事件而異：

(1)火災：

$$Pr = -14.9 + 2.56ln(\frac{tI^{4/3}}{10^4})$$

t ＝暴露時間，sec

I ＝熱輻射強度，W/m²

表5.5及**表5.6**中列出輻射熱的危害與其效應，讀者可藉此了解其強度和殺傷力。

(2)爆炸：

$$Pr = -77.1 + 6.91lnOPs$$

表5.5　暴露於輻射熱下致疼痛所需時間

輻射熱強度		致疼痛時間
Btu/hr/ft²	Kw/m²	Sec
500	1.74	60
740	2.33	40
920	2.90	30
1500	4.73	16
2200	6.94	9
3000	9.46	6
3700	11.67	4
6300	19.87	2

資料來源：API 521 。

OPs = 爆震超壓，單位為Pa， 1psi = 6.9 KPa

此爆震超壓效應是對人體肺部衝擊之致命機率單位。**表5.7** 列出爆炸之爆震超壓於不同大小下的效應，讀者亦可藉此建立起對爆炸威力的觀念。

(3)毒性物質外洩：

$$Pr = a + bln(C^n t)$$

t = 暴露時間，min

C = 濃度，ppm

a，b，n因化學物質而異，如**表5.8**。

2.將Pr轉換為機率 / 百分率，使用**表5.9**。然而整個廠區中可能不只有單一的危害事件，總風險則為各單一事件風險值的總和：

$$IR_{\tau,\nu} = \sum_{i=1}^{n} IR_{\tau,\nu i}$$

以歐美許多先進國家，及大型國際性的化學公司來說，可接受的風險是FAR值不得大於2，而單一事件的FAR值則不得大於0.4。

表5.6　輻射熱效應

輻射熱強度（kw/m²）	所觀察到的效應
37.5	足以造成製程設備的損壞
25	以較長時間暴露無起火源的情況下點燃木材所需的最小能量
12.5	點燃木材或熔化塑膠管所需的最小能量
9.5	8秒鐘後明顯疼痛感；20秒鐘後二級灼傷
4	20秒鐘內足以造成人員疼痛，但不致有二級灼傷
1.6	較長時間暴露不會有不適感

表5.7 爆炸損害

爆震超壓 (psig)	危害
0.02	·惱人的噪音 (137dB 低頻 10-15Hz)
0.03	·產生之應力可破壞大型玻璃窗
0.04	·高噪音 (143dB)，音波可損壞玻璃
0.1	·產生之應力可破壞小型玻璃窗
0.15	·已足以破壞玻璃的典型壓力
0.3	·對一般結構或房屋而言為「安全距離」(95%不會有嚴重損壞)，10%的窗玻璃會破掉
0.4	·結構體會有小損壞
1.0	·房屋會部分毀壞
1.3	·建築的鋼結構會輕微損壞
2.0	·房屋的牆壁及屋頂會部分崩塌
2.3	·廠房的結構損壞
2.5	·50%的房屋會解體
3.0	·工業建築結構內的重機械 (3,000lb) 會輕微受損；鋼構建築損壞並由地面基礎被拉起
4.0	·輕型工業建築外殼破裂
5.0	·木質設施斷裂；建築結構內的重型液壓機 (40,000lb) 會輕微受損
5.0-7.0	·房屋結構幾乎全毀
7.0	·滿載之火車車箱翻覆
9.0	·滿載之火車車箱損壞
10.0	·可能所有的結構都將完全解體；重機械 (7,000lb) 會移動且廠房受損，僅非常重的機械 (12,000lb) 可留存下來
300.0	·火山口爆震超壓

表5.8 致命毒性機率單位方程式參數

化學物質	a	b	n
丙烯醛（Acrolein）	-9.931	2.049	1
丙烯腈（Acrylonitrile）	-29.42	3.008	1.43
氨（Ammonia）	-35.9	1.85	2
苯（Benzene）	-109.78	5.3	2
溴（Bromine）	-9.04	0.92	2
一氧化碳（Carbon monoxide）	-37.98	3.7	1
四氯化碳（Carbon tetrachloride）	-6.29	0.408	2.50
氯（Chlorine）	-8.29	0.92	2
甲醛（Formaldehyde）	-12.24	1.3	2
氯化氫（Hydrogen chloride）	-16.85	2.00	1.00
氰化氫（Hydrogen cyanide）	-29.42	3.008	1.43
氟化氫（Hydrogen fluoride）	-35.87	3.354	1.00
硫化氫（Hydrogen sulfide）	-31.42	3.008	1.43
溴化甲烷（Methyl bromide）	-56.81	5.27	1.00
異氰酸甲酯（Methyl isocyanate）	-5.642	1.637	0.653
二氧化氮（Nitrogen dioxide）	-13.79	1.4	2
光氣（Phosgene）	-19.27	3.686	1
環氧丙烷（Propylene oxide）	-7.415	0.509	2.00
二氧化硫（Sulfur dioxide）	-15.67	2.10	1.00
甲苯（Toluene）	-6.794	0.408	2.50

表5.9　機率單位（Pr）轉換為致命百分率（%）之轉換表

%	0	2	4	6	8
0	--	2.95	3.25	3.45	3.59
10	3.72	3.82	3.92	4.01	4.08
20	4.16	4.23	4.29	4.36	4.42
30	4.48	4.53	4.59	4.64	4.69
40	4.75	4.80	4.85	4.90	4.95
50	5.00	5.05	5.10	5.15	5.20
60	5.25	5.31	5.36	5.41	5.47
70	5.52	5.58	5.64	5.71	5.77
80	5.84	5.92	5.99	6.08	6.18
90	6.28	6.41	6.55	6.75	7.05
99	7.33	7.41	7.46	7.65	7.88

5.4　液氯裝卸災害模擬案例研討

以下我們以液氯槽車裝卸程序的潛在危害為例，說明化學災害的預測、分析及模擬方法。

5.4.1　製程／系統說明

液氯槽車系統如圖5.6所示，說明如下：

1. 裝卸過程中以氮氣壓送，蒸氣回收管線以不鏽鋼軟管連接槽車與儲槽以平衡壓力。
2. 系統有兩個遙控作動緊急關斷閥，儲槽上有一緊急排放閥。儲槽與工廠氮氣系統以單向閥保護，以防輸送過程中液氯逆

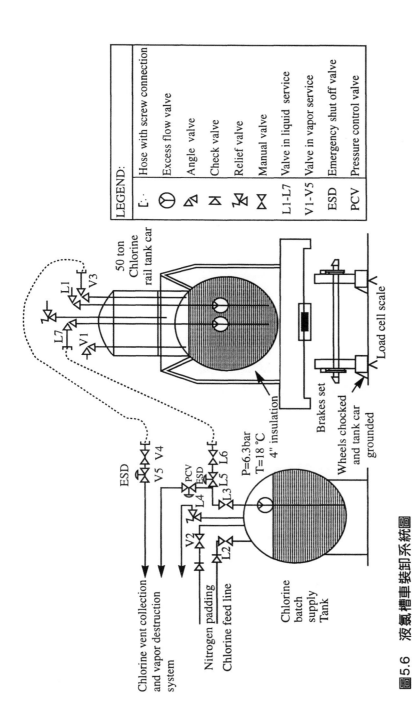

圖5.6　液氯槽車裝卸系統圖

（引述自：Guidelines for Chemical Process Quantitative Risk Analysis, AIChE, p.416, 1989）。

流而污染氮氣等公用系統。

3. 接近裝卸區附近有易燃物高架管線及易燃物液體槽車，具有潛在性外洩造成池火火災的危害。

4. 管線或設備的小型破損或針孔不加以分析，因為它對人員或環境的衝擊太小。

5. 槽體嚴重破裂或完全破裂亦不分析，因其幾乎不可能發生。

6. 為了簡化計算，僅考慮一種典型的氣象條件：風速為4m/sec（13 ft/sec），大氣穩定度為中度（D），假設所有方向的風皆為均勻分布。

5.4.2 危害辨識與選擇代表事件

本例危害辨識採用危害與可操作性分析（HazOp），主要分析結果如**表5.10**所列，經整理後需進一步模擬的災害事件列於**表5.11**，事件描述（大小與期間）則是以操作經驗來模擬實際可能的狀況。

5.4.3 後果分析

我們在決定表5.11中各事件的致命效應區域時，需由以下不同數學模式加以組合，分段模擬事件衍生過程中所產生的影響：

物理模式Ⅰ：估算洩放速率以描述重質氣體外洩的行為。

物理模式Ⅱ：以高斯模式（Gaussian model）描述危害性蒸氣之大氣擴散行為。

效應模式：以毒性效應機率單位模式（toxic effect probit model）描述不同事件的氯氣致死濃度（LC50）區域，並

表5.10　氯槽車裝載設施危害與可操作性分析

製程偏離引導字	可能原因	可能後果	後續追蹤事項
1.無流量	A.手動閥誤關 B.ESD 誤關 C.軟管阻塞 D.管線阻塞	A-D操作延遲	A-D確認操作程序書有適當的指示以安全的校正所有可能無流量狀況。
2.高流量	A.法蘭洩漏	A.毒性物質外洩	A.1儘量減少法蘭接頭。 A.2檢查法蘭墊圈規格的適用性。 A.3確認ESD 作動點是在適當的位置，需考慮兩個作動點。 A.4檢查呼吸防護具的設置。
	B.閥洩漏	B.毒性物質外洩	B.同法蘭洩漏。
	C.管線受撞擊洩漏	C.毒性物質外洩	C.儘量減少氯管線附近的作業。
	D.槽車上釋壓閥故障	D.毒性物質外洩	D.裝載前檢查釋壓閥。需進行進一步的危害分析。
	E.軟管洩漏	E.毒性物質外洩	E.發展軟管的預防保養計畫。
3.高液位	A.地磅失常	A.氯經由釋放閥排出，造成毒性危害	A.不太可能發生，在既有設計與磅秤系統中已有足夠的考慮。
4.高溫	A.外界火災，因爲鄰近 (1)處理易燃物的鐵道輸儲設施 (2)易燃物高架管線	A.1釋壓閥跳脫排出大量蒸氣 A.2槽體嚴重破裂，造成毒性危害	A.需進行進一步的危害分析。消防設施足夠，大約可提供60分鐘的消防能力以控制池火。在火災被控制前槽體嚴重破裂不太可能發生。
5.高壓	A.氮氣供應超壓	A.釋壓閥跳脫，緊急排放，造成毒性危害	A.無需任何追蹤事項，氮氣供應管線上的壓力控制系統與PCV 緊急排放已足夠。
6.腐蝕	A.槽體或管線接頭之內部腐蝕	A.蒸氣漏出造成毒性危害	A.定期檢查（間隔1-5 年）以偵測出任何早期腐蝕現象。

表5.11　風險分析之代表事件

事件	描述	HazOp
1	小量液氯洩漏（相當於1/2吋，12mm破洞） 洩漏時間＝10min（估計） 原因： ・閥洩漏（七個閥及其法蘭） ・軟管洩漏 ・液體連接管受撞擊損壞	 2A, 2B 2E 2C
2	小量氯氣洩漏（相當於1/2吋，12mm破洞） 洩漏時間＝10min（估計） 原因： ・閥洩漏（五個閥及其法蘭） ・軟管洩漏 ・蒸氣連接管受撞擊損壞 ・釋壓閥洩漏	 2A, 2B 2E 2C 2D
3	大量氯氣洩漏 洩漏時間＝60min（噴灑消防水以冷卻氯槽車並止漏所需之估計時間） 原因： ・外界火災，釋壓閥跳脫	 4A

可由大氣擴散模式計算出濃度與擴散距離之關係，推導出不同擴散距離之致死毒性效應機率。

洩放速率

・事件1：液氯由12mm破洞洩漏

假設本例之研討不受管長與幾何形狀影響，液氯系統操作在氮氣壓力6.3 bar（6.3×10^5 N/m² 絕對壓力）之下，液體外洩方程式為：

$$G_L = C_d AP \left[\frac{2(P-Pa)}{\rho} + 2gh \right]^{0.5}$$

其中G_L＝液體洩放速率，單位為kg/sec

C_d＝流出係數（discharge coefficient），液體通常為0.61

A　＝破洞載面積，12mm破洞為$1.13 \times 10^{-4} m^2$

ρ　＝液氯密度，1420kg/m³

P　＝上游壓力，$6.3 \times 10^5 N/m^2$

Pa＝大氣壓力，$1.0 \times 10^5 N/m^2$

h　＝液高（liquid head）假設為0m

g　＝重力加速度，9.8m/sec²

由以上數據計算$G_L = 2.7$kg/sec

這個流速還必須核對超流閥的規格，是否會被其關斷，本例中我們假設超流閥還不致關閉。

因為加壓的液氯由破洞洩出會有部分驟沸揮發，利用以下公式估算：

$$F_V = C_p \frac{(T - T_b)}{h_{fg}}$$

其中F_V＝液體驟沸為蒸氣的比例

C_P＝在溫度T至T_b間的平均液體比熱或熱容量（heat capacity），本系統中液氯為0.95KJ/kg℃

T＝起始溫度，18℃

T_b＝最終溫度，即沸點，-34℃

h_{fg}＝蒸發熱，在-34℃時為285KJ/kg

由以上數據計算驟沸比例為0.17。

液滴懸浮在蒸氣中之氣懸膠比例（aerosol fraction）假設等於驟沸比例，因此氣雲占34％（17％蒸氣與17％氣懸膠），66％液體則留在地面。對於小量洩漏而言，大部分的液體在-34℃下相對於地面溫度是與溫熱的地面接觸，且迅速蒸發。

在十分鐘的洩漏時間內會成液池（liquid pool）約一千公斤（2.7kg/sec × 0.66 ×600sec），但因本例中所有物質會快速蒸發，所以擴散模式計算的流速可設定為全部的洩放速率2.7kg/sec。

• 事件2：氯氣由12mm破洞洩漏

氣體洩放計算需考慮其可壓縮性（compressibility），如果氯系統與大氣間的壓差比超過臨界壓力比（critical pressure ratio），則通過孔口的流速限制在音速以內，臨界壓力比為：

$$P_{crit} = \left[\frac{\gamma + 1}{2}\right]^{\gamma/(\gamma-1)} = \left[\frac{2.32}{2}\right]^{(1.32/0.32)} = 1.84$$

其中 P_{crit} ＝臨界壓力比

γ ＝熱容比（heat capacity ratio），氯為1.32

上下游壓力比6.3/1.0 ＝6.3，超過臨界壓力比，所以是音速流。

氣體流過孔口的流速為：

$$G_v = C_d \frac{AP}{a_0} \Psi$$

音速流之 Ψ 值公式如下：

$$\Psi = \gamma \left[\frac{2}{\gamma + 1}\right]^{(\gamma+1)/2(\gamma-1)}$$

在溫度 T 之下的音速 a_o

$$a_o = (\gamma RT/M)^{0.5}$$

整理以上各式，音速流之氣體洩放速率：

$$G_v = C_d AP \left[\frac{\gamma M}{RT} \left(\frac{2}{\gamma + 1} \right)^{(\gamma + 1)(\gamma - 1)} \right]^{0.5}$$

其中 G_v ＝氣體洩放速率，單位為 kg/sec

  C_d ＝流出係數（discharge coefficieat），氣體近似1.0

  A ＝破洞截面積，12mm破洞為 $1.13 \times 10^{-4} m^2$

  P ＝上游壓力，6.3×10^5 N/m²

  M ＝分子量，氯為71kg/kg mole

  R ＝氣體常數，8310 J/kg mole/K

  T ＝上游溫度，18℃＝291K

 由以上數據計算洩放速率為0.26kg/sec 即擴散模式計算時的流速。

• 事件 3：蒸氣由槽車釋壓閥洩放

 蒸氣之產生因外界火災，槽體吸熱，槽內液體受熱蒸發，其估計公式參考NFPA 58 規範，槽體吸熱量為：

 $Q_{in} = 34500 \, FA^{0.82}$

計算時若使用 SI 制單位：

 $Q_{in} = 34500 \, FA^{0.82} [2.93 \times 10^{-4} (KJ/sec)/(Btu/hr)]$

經由釋壓閥排出之氣體流速為：

$$G_{rv} = Q_{in}/h_{lg}$$

其中 G_{rv} ＝洩放速率，單位為kg/sec

  Q_{in} ＝經由槽壁吸熱量，單位為KJ/sec

A ＝槽內沾濕表面積，估計約650ft^2

F ＝保護因子（由API RP-520規範之建議，絕緣保溫槽F ＝ 0.3）

h$_{fg}$ ＝在釋放壓力下之蒸發熱，為257KJ/kg

Q$_{in}$ ＝ 34500 × 0.3 ×(650)$^{0.82}$ × 2.93 × 10^{-4}

　　＝ 614 KJ/sec

G$_{rv}$ ＝(614 KJ/sec)/(257 KJ/kg)

　　＝ 2.4 kg/sec

歸納三個代表事件的外洩速率如**表5.12**。

氯毒性計算

在進行擴散分析之前，需先決定毒性指標，估計暴露在氯蒸氣中之濃度與致死性的關係。我們應用機率單位模式（probit model）估計致死效應，Withers與Lees（1985）提出之氯致死效應機率單位模式如下：

$$Pr = -8.29 + 0.92 ln C^2 t$$

其中 Pr ＝機率單位函數值

　　C ＝氯濃度，單位ppm

　　t ＝暴露時間，單位 min

我們假設在氯氣雲半致死濃度LC$_{50}$範圍內50％的人會被殺死，此範圍外所有的人存活。LC$_{50}$是指在此暴露濃度下50％機率

表5.12　代表事件之外洩速率

事件	描述	外洩速率估計（kg/sec）
1	液體洩漏	2.7
2	蒸氣洩漏	0.26
3	釋壓閥排放	2.4

的人會死亡。事實上這是機率問題，在LC$_{50}$氣雲範圍內的人不一定50％會死亡，同樣的在此範圍外的某些人亦可能死亡。以此假設，在LC$_{50}$範圍內存活的人之機率可被LC$_{50}$範圍外死亡的人所平衡。所以為了簡化計算起見，取LC$_{50}$為計算基準。

為了分析氯氣雲在不同事件中的衝擊濃度，需決定各事件在其暴露時間下的半致死濃度LC$_{50}$，以便進一步利用擴散模式估計達半致死濃度之劑量的擴散位置。

本例中事件1與事件2的暴露期間是10分鐘，事件3的暴露期間是60分鐘，對應於半致死濃度LC$_{50}$時的機率單位函數值Pr=5（如表5.9），可分別利用機率單位函數，計算出不同事件之影響濃度值C。事件1與事件2（10分鐘液體或蒸氣洩漏）影響區域所及的濃度是430ppm；事件3（60分鐘釋壓閥排放）影響區域所及的濃度是175ppm，氯暴露事件半致死濃度表列於**表5.13**。

擴散模擬

氯氣外洩之初期密度比空氣重，為重質氣體，在其向東方擴散，如圖5.8所示，到達100公尺人員聚集區域之前應已轉換成自然浮力作用，因此在本案例環境中，可以大氣擴散模式Pasquill-Gifford Guassian氣雲模式適當地模擬與估計。連續外洩源形成之Pasquill-Gifford方程式如下：

$$C = \frac{G}{2\pi \sigma_y \sigma_z u} \exp\left(\frac{-y^2}{2\sigma_y^2}\right)\left[\exp\left(\frac{-(Z-H)^2}{2\sigma_z^2}\right) + \exp\left(\frac{-(Z+H)}{2\sigma_z^2}\right)^2\right]$$

表5.13　**氯暴露事件半致死濃度估計表**

暴露時間（min）	事件	LC$_{50}$(ppm)
10	1,2	430
60	3	175

其中x,y,z＝距外洩源距離，單位m（x＝下風距離，y＝橫向距離，z＝垂直距離／高度）

C＝在x,y,z座標位置處之濃度，單位為kg/m³

G＝外洩速率，單位為kg/sec

H＝洩漏源在地面以上之高度，單位為m

$\sigma_x, \sigma_y, \sigma_z$＝擴散展開係數（spread parameters），單位為m，是下風距離的函數

u＝風速，單位為m/sec

本例中之外洩源假設在地表，因此$H＝0$，我們欲估計的是沿地面的氯濃度，因此$z＝0$，同時我們要計算的是氯雲在各下風距離的氯最大濃度（即中心線濃度）以代表風險評估時之指標，因此$y＝0$，所以地表之中心線最大濃度可簡化為：

$$C = \frac{G}{\pi \sigma_y \sigma_z u}$$

將濃度單位由kg/m³轉換為ppm需乘上一轉換因子，如下式：

$$C_{ppm} = \frac{G}{\pi \sigma_y \sigma_z u} \frac{RT}{MP} \times 10^6$$

其中R＝氣體常數，0.082 atm -m³/kg mole-K

T＝溫度，單位為K

M＝分子量，單位為kg/kgmole

P＝壓力，atm

McMullen（1975）提出針對大氣穩定度D之擴散展開係數σ_y與σ_z為：

$$\sigma_y = \exp\left[4.230 + 0.9222ln\left(\frac{x}{1000}\right) - 0.0087\left[ln\left(\frac{x}{1000}\right)\right]^2\right]$$

$$\sigma_z = \exp\left[3.414 + 0.7371ln\left(\frac{x}{1000}\right) - 0.0316\left[ln\left(\frac{x}{1000}\right)\right]^2\right]$$

將本案例中三個代表事件的條件代入上述各式,計算下風距離 x 處的中心線濃度:

$G = 2.7\text{kg/sec}$(事件1)

$\quad = 0.26\text{kg/sec}$(事件2)

$\quad = 2.4\text{kg/sec}$(事件3)

$T = 18°C = 291K$

$u = 4\text{m/sec}$

$M = 71\text{kg/kgmole}$

$P = 1\text{atm}$

表5.14 中列出三個代表事件的擴散模擬結果。氯濃度達半致死濃度 LC_{50}(事件1與事件2為430ppm,事件3為175ppm)之下風距離則歸納於**表5.15**。

沿下風距離之**擴散**模擬並不足以完全代表氣雲效應範圍內之擴散行為,尚需量測氣雲寬度或橫向方向之擴散,Gaussian 模式當然可以計算橫向距離之等高線濃度。不過為了簡化計算起見,我們利用圓形分割空間(Pie-shape),以下風距離之長度及其展開之氣雲弧度來定義事件。三個代表事件所取的氣雲弧度為15°(實際範圍為14°至18°)。

5.4.4 頻率分析

評估三個代表事件的潛在發生頻率應考慮造成各事件的各種潛

表5.14　代表事件之地表下風中心線氯濃度

事件1 液體洩漏 (2.7kg/sec，10min)		事件2 蒸氣洩漏 (0.26kg/sec，10min)		事件3 釋壓閥排放 (2.4kg/sec，10min)	
x(m)	C(ppm)	x(m)	C(ppm)	x(m)	C(ppm)
100	2000	50	690	100	1700
200	550	64	430	150	830
230	430	100	190	200	490
250	370			250	330
300	270			300	240
				360	175
				400	145

表5.15　氯濃度達LC_{50}之距離

事件	描述	外洩期間 (min)	氯LC50 (ppm)	下風距離 (m)
1	液體洩漏	10	430	230
2	蒸氣洩漏	10	430	64
3	釋壓閥排放	60	175	360

在原因，或個別元件故障的模式，事件1與事件2分別爲液氯與氯氣從1/2-in的破洞漏出，由表5.11分析所列其原因包括法蘭、閥或軟管洩漏，表5.16提供了這些元件在以往的操作歷史或工業經驗的可靠度數據，不過在實際的製程工廠中還會因溫度、壓力、腐蝕、振動等因素而有所不同。

事件1與事件2的頻率等於所有個別元件故障頻率的總和。

$$F_t = \sum_{j}^{n} f_j$$

其中F_t＝代表事件i

表5.16　氯系統元件故障頻率

故障模式	失誤率（year^{-1}）
閥洩漏	1×10^{-5}
軟管洩漏	5×10^{-4}
管線受撞擊損壞 （估計時需考慮管長、管線大小等諸多因素）	1×10^{-5}
釋壓閥在正常操作壓力時外洩	1×10^{-4}

$f_i = $ 代表事件 i 中之故障元件 j 的失誤率（failure rate）

事件1

液氯洩漏的可能洩漏源有七個閥、一個軟管及管線受撞擊損壞：

$$F_1 = 7 \times (1 \times 10^{-5}) + (5 \times 10^{-4}) + (1 \times 10^{-5})$$
$$= 5.8 \times 10^{-4}/year$$

事件2

氯氣洩漏的可能洩漏源有五個閥、一個軟管、管線受撞擊損壞及釋壓閥洩漏：

$$F_2 = 5 \times (1 \times 10^{-5}) + (5 \times 10^{-4}) + (1 \times 10^{-5}) + (1 \times 10^{-4})$$
$$= 6.6 \times 10^{-4}/year$$

事件3

因外界火災產生大量蒸氣外洩。操作經驗數據不完全適用於此事件之頻率分析，還需依製程工場實際狀況建立失誤樹模式，發展火災發生後釋壓閥跳脫邏輯模式，再估算其頻率。由圖5.7計算結果為 $3 \times 10^{-6}/year$。表5.17中列出三個代表事件的潛在發生頻率。

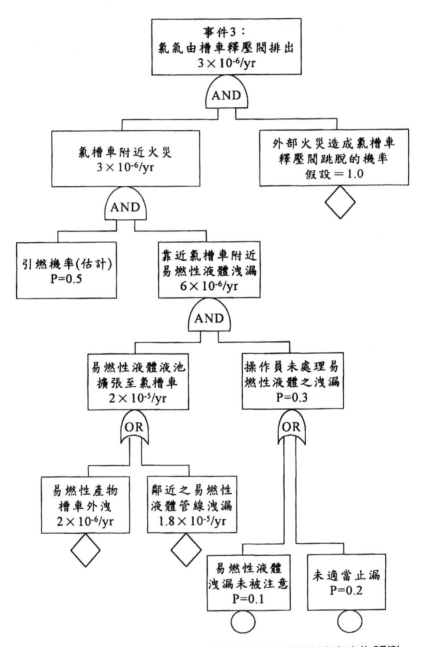

圖5.7　氯裝卸設施附近外界火災導致釋壓閥跳脫外洩之失誤樹

表5.17　代表事件之頻率

事件	描述	頻率（yr⁻¹）
1	液體洩漏	5.8×10^{-4}
2	蒸氣洩漏	6.6×10^{-4}
3	釋壓閥排放	3.0×10^{-6}

5.5　風險分析

5.5.1　個體風險

　　個體風險可由前述三個代表事件的發生頻率、影響區域及風向之分布等因素估計之。同時我們在估計時不考慮任何消減措施，如保護阻隔或人員撤離。將表5.11至表5.17中的資訊歸納至**表5.18**中，風險估計的結果配合區域地圖和氯裝卸設施配置圖表示於**圖5.8**之個體風險等高線圖之上。

　　首先選擇三個代表事件中影響區域最遠、範圍最大的事件3，再逐步回溯至影響範圍較小的事件1及影響範圍最小的事件2。風向效應所產生的影響面積會減小危害效應的頻率值：

$$f_{i,d} = f_i(\theta_i/360)$$

　　其中$f_{i,d}$＝假設在單一風向分布下任何特定方向，事件i產生影響的頻率

　　　　f_i＝事件i發生的頻率

　　　　θ_i＝事件i影響區域的涵蓋角度

表5.18　代表事件之影響區域及發生頻率歸納表

| 事件 | 描述 | Cl$_2$ 外洩率 (kg/sec) | 洩漏時間 (min) | LC$_{50}$ (ppm) | 影響區域 | | 發生頻率 (yr^{-1}) |
					至 LC$_{50}$ 距離 (m)	氣雲擴散弧度 (deg)	
1	液體洩漏——相當於 1/2 吋破洞	2.7	10	430	230	15	5.8 ×10^{-4}
2	蒸氣洩漏——相當於 1/2 吋破洞	0.26	10	430	64	15	6.6 ×10^{-4}
3	蒸氣因火災由釋壓閥洩放	2.4	60	175	360	15	3.0 ×10^{-6}

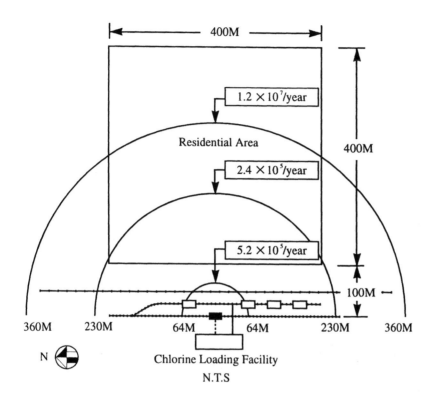

圖5.8　氯裝卸設施附近之個體風險等高線圖

針對事件3而言，$f_3 = 3 \times 10^{-6} yr^{-1}$，$\theta_3 = 15°$，所以

$$f_{3,d} = (3 \times 10^{-6} yr^{-1})(15/360)$$
$$= 1.2 \times 10^{-7} yr^{-1}$$

其次為圍繞著氯裝卸設施畫半圓（吹西風向東半部擴散），半徑為至LC_{50}之360m，即此事件之風險等高線，個體風險值如下式：

$$IRC_i = f_i(or\ f_{i,d}) + IRC_{i-1}$$

其中 IRC_i ＝事件在某等高線的個體風險值，yr^{-1}

IRC_{i-1} ＝在下一個風險等高線 f_i，$f_{i,d}$ 前的個體風險值，因
累積的風險及風險值的加成性而上式成立。

因為事件3風險等高線是第一個等高線畫半圓，

IRC_{i-1} ＝0，所以

IRC（事件3等高線）＝ $f_{3,d}$ ＝ $1.2 \times 10^{-7} yr^{-1}$

下一個影響範圍的事件是事件1，事件1因風向效應及氣雲擴
散弧度而減小的危害頻率：

$$f_{1,d} = f_1(\theta_1/360) = (5.8 \times 10^{-4} yr^{-1})(15/360)$$
$$= 2.4 \times 10^{-5} yr^{-1}$$

事件1影響範圍半徑為230m，圍繞著氯裝卸設施畫半圓風險
等高線，風險等高線值：

IRC（事件1等高線）＝ $f_{1,d}$ ＋IRC（事件3等高線）
$$= 2.4 \times 10^{-5} yr^{-1} + 1.2 \times 10^{-7} yr^{-1}$$
$$= 2.4 \times 10^{-5} yr-1$$

本例分析的最後一個事件是事件2，事件2因風向效應及氣雲
擴散弧度而減小的危害頻率：

$$f_{2,d} = f_2(\theta_2/360) = (6.6 \times 10^{-4} yr^{-1})(15/360)$$
$$= 2.8 \times 10^{-5} yr^{-1}$$

事件2影響範圍半徑為64m，圍繞著氯裝卸設施畫半圓風險等
高線，風險等高線值：

IRC（事件2等高線）＝ $f_{2,d}$ ＋IRC（事件1等高線）
$$= 2.8 \times 10^{-5} yr^{-1} + 2.4 \times 10^{-5} yr^{-1}$$
$$= 5.2 \times 10^{-5} yr^{-1}$$

圖5.8為本例完成評估後之個體風險等高線圖，其中事件2
（蒸氣外洩）並不會影響至人員聚集區，而事件3釋壓閥洩放之影
響最明顯，但其頻率亦明顯低於其他事件。

5.5.2　社會風險

　　社會風險計算需估計每一個事件被殺死的人員數，及各特定位置的致命或然率，並發展F-N曲線。本案例之人員分布於圖5.8，各代表事件列於表5.18，氯外洩事件後產生的後果是毒性氣雲，考慮的氣象條件為大氣穩定度D，風速為4m/sec，但風向是變異的。本例中採用八點風玫瑰圖（北、東北、東、東南、南、西南、西、西北），表5.18中的每一個事件因風向而有八個事件結果，任一方向的風的機率可視為相等，即八個可能風向的機率各為1/8，每一種後果的頻率皆等於發生頻率的0.125倍。

　　八點風玫瑰圖提供了一種典型的評估方式，更好的計算方式是採用十二點風玫瑰圖，甚至十六點風玫瑰圖，但所增加的計算將更複雜，稍後要討論和建立的F-N曲線也有同樣的情況，其風向與產生的機率變異較多。**表5.19**中列出本例在八點風玫瑰圖分布下所有的事件結果與頻率，對照圖5.8之配置圖，檢查對人員的影響，發現大部分的方向皆未影響到人員聚集區。

　　將表5.19的八點風玫瑰分析結果以圖示分析事件3，如圖5.9其中會及於人員聚集區的三個風向：「3西南」、「3西」和「3西北」，我們需對這三個影響區間內的可能出現人員計數，以由這些可能人數對應的暴露頻率來評估風險。以圖5.9中的「3西」事件為例，涵蓋區間面積約15,000m²在人員聚集區，而本區人員密度為：

400人／400m×400m＝25人／10,000m²

「3西」事件涵蓋區間的人員數則為：

15,000m²×25人／10,000m²＝38人

致命人數為：

表5.19　八點風玫瑰圖下之事件結果表列

事件	事件頻率 (yr⁻¹)	事件結果			備註
		編號	風向機率	頻率 (yr⁻¹)	
1	5.8×10^{-4}	1 西南	0.125	7.3×10^{-5}	A
		1 西	0.125	7.3×10^{-5}	A
		1 西北	0.125	7.3×10^{-5}	A
		1 北	0.125	7.3×10^{-5}	B
		1 東北	0.125	7.3×10^{-5}	B
		1 東	0.125	7.3×10^{-5}	B
		1 東南	0.125	7.3×10^{-5}	B
		1 南	0.125	7.3×10^{-5}	B
2	6.6×10^{-4}	2 西南	0.125	8.2×10^{-5}	B
		2 西	0.125	8.2×10^{-5}	B
		2 西北	0.125	8.2×10^{-5}	B
		2 北	0.125	8.2×10^{-5}	B
		2 東北	0.125	8.2×10^{-5}	B
		2 東	0.125	8.2×10^{-5}	B
		2 東南	0.125	8.2×10^{-5}	B
		2 南	0.125	8.2×10^{-5}	B
3	3.0×10^{-6}	3 西南	0.125	3.8×10^{-7}	A
		3 西	0.125	3.8×10^{-7}	A
		3 西北	0.125	3.8×10^{-7}	A
		3 北	0.125	3.8×10^{-7}	B
		3 東北	0.125	3.8×10^{-7}	B
		3 東	0.125	3.8×10^{-7}	B
		3 東南	0.125	3.8×10^{-7}	B
		3 南	0.125	3.8×10^{-7}	B

備註：A，影響區域為人員聚集區

　　　B，影響區域為非人員聚集區

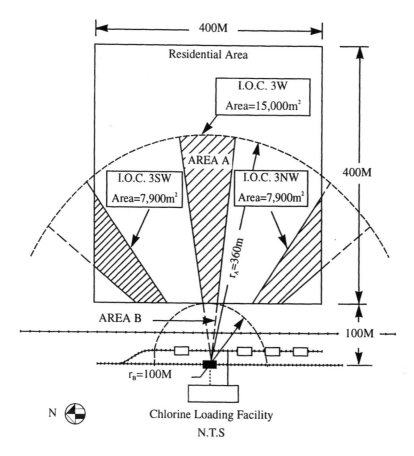

圖5.9　事件3影響區域

$N_i = P_i \cdot P_{f,i}$

其中$N_i =$因事件結果i之致命人數

$P_i =$事件結果i影響區間內總人數

$P_{f,i} =$事件結果i影響區間內的致命機率

本案例中已假設影響區域的濃度達到LC_{50}會殺死所有的人員，因此$P_{f,i} = 1$，所以$N_i = P_i$，對「3西」事件而言，$N_i = 38$。以同樣

表5.20　影響人員聚集區之事件結果的估計致命人數

事件結果	頻率F (yr⁻¹)	估計致命人數
1 西南	7.3×10^{-5}	13
1 西	7.3×10^{-5}	14
1 西北	7.3×10^{-5}	13
3 西南	3.8×10^{-7}	20
3 西	3.8×10^{-7}	38
3 西北	3.8×10^{-7}	20
其他	—	0

表5.21　社會風險計算與F-N曲線數據

估計致命人數	N 或更多致命數之累計頻率 $F_N(yr^{-1})$	涵蓋之事件
N ＞ 38	0	—
20 ＜ N ≦ 38	3.8×10^{-7}	3 西
14 ＜ N ≦ 20	1.1×10^{-6}	3 西．3 西南，3 西北
N = 14	7.3×10^{-5}	3 西，3 西南，3 西北，1 西
N ≦ 13	2.2×10^{-4}	3 西，3 西南，3 西北，1 西，1 西南，1 西北

的方法可求得「3 西南」和「3 西北」事件，致命人數各為20。同理分析「1 西南」、「1 西」、「1 西北」，將結果歸納於表5.20。

　　以下步驟為發展F-N曲線。F-N曲線為各事件結果之致命人數對應致命人數累計發生頻率作圖，累計頻率以下式表達：

$$F_N = \sum_i F_i \ （N_i \geq N 之所有的事件結果 i）$$

　　其中 F_i = 事件結果 i 之頻率

　　　　 N_i = 事件結果 i 所影響的人員數

　　表5.21為利用表5.20的數據並應用上式計算N或更多致命數之事件結果的累計頻率 F_N，並建立F-N曲線如圖5.10。

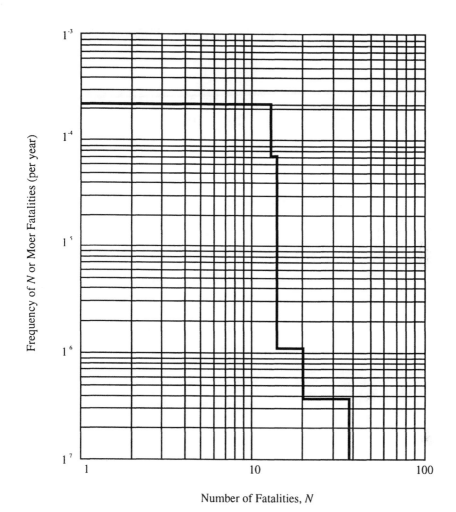

圖5.10 氯槽車裝卸設施社會風險F-N曲線

F-N曲線是否為可接受之風險以荷蘭的基準為例，其參考指標如下：

1. 可允許基準線為從1死亡數（頻率＝1×10^{-3}／年）到100死亡數（頻率＝1×10^{-7}／年）之直線。
2. 可忽略基準線為從1死亡數（頻率＝1×10^{-5}／年）到100死亡數（頻率＝1×10^{-9}／年）之直線。

若風險值高於可允許基準線則必須進行改善，若風險值低於可忽略基準線則可不須進行改善，若風險值介於可允許基準和可忽略基準之間，則可依事業單位的政策、資源的可用度及事件的優先順序予以改善。另亦可考慮以較低的標準——香港（英國）的基準作為參考指標，則可接受的基準線為從1死亡數（頻率＝1×10^{-3}／年）到1000死亡數（頻率＝1×10^{-6}／年）之直線。

5.6　結語

縱觀目前各國在執行中的法規，如歐洲共同體公告施行的工業重大意外危害控制法令，美國29CFR Part1910.119高危害化學製程安全管理，及我國勞動檢查法第26條衍生之危險性工作場所審查暨檢查辦法，要求需針對高潛在性危害之製程執行製程危害分析或製程安全評估，但這些法令或規範皆未明顯要求對潛在危害加以量化，或需執行風險評估。然而我們從目前的國際趨勢來看，量化風險的相關法令和標準的判定似乎在不久的將來在所難免，特別是針對重大開發計畫、公共工程、工業設施等重大決策亦有其需要。量化風險除需對系統或製程之設計與操作技術充分了解外，尚需建立各種運轉數據、環境數據、人口分布、土地資源利用、可靠度數據

等，增加了分析評估的困難度，但經分析模擬和模式化評估最可能發生事件（the likely-case scenario）的分析結果仍較僅評估或敘述粗糙的最壞事件（the worst-case scenario）具說服力。因此我們在因應國際間的發展趨勢之時，還是應就此主題多作思考、研究及廣納各方的意見才是。

參考文獻

1. Guidelines for Chemical Process Quantitative Risk Analysis, AIChE, 1989.

第6章

製程變更風險評析

6.1 緒言

　　1992年美國政府勞工部職業安全衛生署（OSHA）制訂並公布
施行之製程安全管理（PSM）法案，將變更管理（management of
change, MOC）納入立法管理，要求高危害性製程工廠建立制度，
對製程之修改應有正式的申請程序、核准程序、執行必要的安全評
估、相關人員必須告知／訓練、技術資料須作必要之更新等。而我
國「危險性工作場所審查暨檢查辦法」亦要求訂定製程修改安全計
畫，有別於以往業界慣用的工程服務申請程序，僅作經費與時程之
管控，及ISO 9000較著重於文件管制，製程變更風險評估成為一
項重要的課題。

　　依「危險性工作場所審查暨檢查辦法」附件三之規定，製程修
改安全計畫至少應含下列事項：

　　1.製程修改程序。
　　2.安全衛生影響評估措施。
　　3.製程操作手冊修正措施。
　　4.製程資料更新措施。
　　5.勞工教育訓練措施。
　　6.其他配合措施。

　　然而上述制度恐怕是PSM系統中最難落實執行的一項制度，
因為製程工廠中可能隨時會因操作、維修、產能、產品規格、能源
節約、工安環保、經濟性因素或其他非經濟性因素而進行一些修改
專案、緊急變更、臨時性變更，甚至細微的零組件變更，是否會產
生新的風險？異動了某些設計是否會和原系統設計不相容？或者破

壞了原來製程安全評估的完整性與正確性？在未做過適當的安全審查或影響評估是無法確認的。而往往大部分變更案件都有時程壓力，大家為了搶時間而跳過了許多必要的管理程序，因此造成了許多潛在性的風險。

6.2　重大意外事故案例

聞名世界的印度Bhopal事件就是典型的完全不具變更風險管理的案例，根據聯碳公司（UCC）與印度政府調查小組的報告指出，該廠在未經管制與評估下擅自進行了多項變更，包括：

1. 異氰酸甲酯儲槽的冷凍系統被關掉。
2. 洗滌塔被關掉。
3. 緊急排放系統（EV header）與製程排放系統（PV header）連通。
4. 清洗過濾器時未依標準作業程序上盲板。
5. 水壓不足。
6. 緊急排放槽未維持空槽。
7. 未依循緊急應變程序而在大量外洩後才施放警報等。

因此造成令人觸目驚心的慘烈傷亡。**表6.1**中列出幾起與變更管理相關之重大工業災害事故案例。

6.3　小改變大關鍵

工廠中對相當金額的專案計畫和修建維護上的更新事項會進行

表6.1　與變更管理相關之重大工業災害事件摘要表

事件	發生時間	發生地點	原因與簡述	後果與損失
Flixborough	1974年6月	英國Nypro Ltd.	己內醯胺工廠環己酮製程區第四反應器至第六反應器間加接Bypass管線洩漏，環己烷外洩蒸氣雲被引燃爆炸。	28人死亡，廠內36人及廠外53人受傷；1,800座以上的設備損壞，財務損失美金一億六千一百萬。
Seveso	1976年7月	義大利Meda Icmesa化學公司	批式反應器停機但未供應冷卻，反應器高溫造成放熱分解反應導致破裂盤破裂，TCDD外洩。製程產生少量之毒性戴奧辛（TCDD），但濃度已高於分解反應所需之濃度。估計外洩擴散的氣雲約2公斤。	沒有人員死亡，但超過5,000名廠外居民就醫；用於除毒及去除污染的費用不明。
Bhopal	1984年12月	印度Bhopal UCC印度公司	清洗過濾器未上盲板，水由隔離閥洩漏至異氰酸甲酯（MIC）儲槽，發生失控反應，洗滌系統被關掉，有毒之排放氣由此外洩。	2,000人立即死亡，4,000人陸續死於中毒，17,000人受傷；印度政府及聯碳公司財務損失及賠償美金四億七千萬。
Piper Alpha	1988年7月	英國北海石油平台	冷凝液泵浦在沒有安全閥的情況下，應盲封的法蘭未鎖死即啟動該泵浦，約45公斤的碳氫化合物被引燃產生爆炸。	167人死亡，受傷人數不明；財務損失超過美金20億。

正式的檢討審核。也有很多的製程改善計畫必須經過此種正式的檢討和審核程序。但是在製程工廠中，倒經常有一些小小的修改，不被認為是一種更新的項目，經常出現在操作第一線上，卻被認為是可暫時解決操作問題的行為。其實這些小小的改變，有的反而會造成大大的麻煩！這些極微小的改變事項，也極可能包含著對操作步驟的了解不夠、訓練不足或是對現有規範未經查對等等的錯誤。現在我們舉出一些實例，並對如何防止這些夢魘，一一加以說明。

6.3.1　儀錶

在監測及控制系統上，機器設備的控制方法不斷地汰舊換新，儀錶的應用技術更形重要。有關人員對監測控制系統的了解、對安裝現場的實務訓練，都會影響工廠安全。

案例一

有一位在大型綜合性化工廠中工作的儀錶修護技工，要去修護已經運轉十幾年的硝酸工廠中的一套分析儀器。他的經驗是在這綜合化工廠其他部門，但在酸場並未做過正式的工作。他把分析儀之中氣泡管的玻璃量筒中的液體予以更換，這是他這次修護的主要工作。氣泡管是用來洗出流體中的雜質，限制硝酸及亞硝酸氣體進入分析儀的流量，另所附之玻璃量筒則具有流量計的功能。這位技工將在一般儀錶中常常使用的甘油換裝到玻璃管中。不幸的是甘油被硝化成為硝化甘油，不到兩天就發生爆炸。這次意外就是未能注意到，更換不到一公升液體所引起製程變化的後果。

案例二

環己烷的氧化工廠中，反應器間的直徑為六吋的連接管，因為

過熱受損引起一場大火。至少有六千八百公升可燃的熱環己烷濺出，在二十五分鐘內將一座四層樓的建築完全燒毀。搶救組反應很快，迅速控制了火勢，但是這次爲時短暫的意外事件造成工廠損失超過一百五十萬美元。

環己烷的氧化反應是放熱反應，是在五套反應器中進行，環己烷原料在熱交換器中與生成物氣體進行熱交換，加入的原料因此得以加熱，同時反應的溫度也因此冷卻。這套反應器開車時，都單獨由一座使用天然氣爲燃料的加熱爐來進行加熱作業。

出事的時候是操作人員在一天忙碌工作之後發生了錯誤。他沒有先讓環己烷在爐管內循環，就用天然氣點燃加熱爐。工程人員在火災後檢查損壞的設備，又發現原來的警報系統仍可以作用，但是壓力警報的設定已經不適當地被調升過，當壓力到達原來設定的125psig時，溫度及壓力還繼續上升，超壓警報因設定被調升過，當然不會發生作用，終於使反應器的連接管破裂而造成災害。

這就是儀錶控制系統有點毛病，常常發出警報，操作人員很不耐煩就把壓力設定提高，這種小小的改變卻造成大大的遺憾。

6.3.2　潤滑

對潤滑系統，在規格的訂定、採購的方式和使用的方法上要加以檢討，特別是天天使用的加油槍和有關的設備。

案例三

一位製程操作員，拿著標示著氯氣系統專用的潤滑槍，裝上適當的卡式潤滑油匣，去潤滑一個氯氣管線上已經卡死的二吋柱塞閥。當他加完油，來不及取下卡式潤滑油匣，爆炸就發生了。這是因爲加油槍被人沾染過碳氫潤滑脂的結果。碳氫潤滑脂遇到氯氣快

速反應，產生高度破壞性的壓力，而將柱塞閥底部衝出3/4吋直徑的破洞並造成氯氣洩漏。現場操作員每一項動作都正確無誤，但在他們單位中，有人不了解這種危險，而將氯氣系統專用潤滑油槍錯用在碳氫化合物系統之潤滑作業上，設備受到污染而造成了無以彌補的災害事件。

6.3.3 工廠空氣

不要認為工廠空氣系統是理所當然而加以接受。在工廠中，氣動輸送的空氣動力都是現成的，使用人員常常忽略而未能認真地對下列項目加以檢討：

1. 是否能了解管線的位置及狀況？
2. 管線的標識是否能正確無誤？
3. 氣動設備是否維持良好的空氣過濾系統？
4. 工作同仁是否都了解使用空氣的目的及方式？

案例四

有一位維修保養主管決定將儀錶空氣臨時作為供應呼吸器的空氣之用。為了工作人員的安全，他將自動氮氣系統的接頭拆掉，氮氣支援系統就從此未能接回。後來供應儀錶空氣的空壓機發生跳車，氣動動力接濟不上，沒有支援系統，製程因而中斷並損毀了好幾批反應。

案例五

又有一次維修保養人員逕自將儀錶氣動控制用的氮氣改用壓縮空氣來取代，因為他們知道一般的儀錶氣動控制都是壓縮空氣，若

用氮氣同時採用空氣可以節省昂貴的氮氣費用，他們卻不知道這是一項特殊的儀錶氣動管線，還有供應惰性氣體防止研究試驗時反應發生燃燒爆炸的作用，所以在他們未經報備改用壓縮空氣之後就發生了失火的意外事件。

6.3.4　襯墊

管件是在液體處理系統中發生故障的主要原因，所以對襯墊的適當選擇與安裝是件重要的事。石綿壓製的襯墊已經使用了一百多年，它們能耐高溫，對酸、鹼、氧、高溫蒸氣、石化產品及有機溶劑都不發生作用。總而言之它們有很強的抗力而價格又相當的低廉，在很多工廠中，它們是通用的襯墊材料。然而很多的國家已經立法禁止壓製石綿襯墊的生產及銷售，不過到目前為止還沒有一種可以完全取代的通用產品。很多的狀況中，都是需要二種、三種或是更多種但應用範圍狹窄的替代品，有些工廠需要採用價格昂貴的叮撓性石墨襯墊用於高溫作業中。鐵氟龍、聚四氟乙烯的襯墊廣泛使用在不同的領域如石油溶劑、氧氣、氯氣之中，橡膠合纖襯墊較便宜，應用範圍比較狹窄。如果換錯了襯墊，化學品會洩漏而發生意外事件。所以在禁止使用石綿襯墊的同時，在襯墊選擇及安裝的細部技巧上，亟需要花費更多時間來教育維修保養人員。

案例六

有一次煉油廠嚴重火災，是由於熱交換器上一項改善工程中錯用了襯墊所造成的結果。當時這套設備在停機清理並測試熱交換器之後，操作正常，處理易燃性的輕油已有六星期之久。

規範中規定要用纏繞式金屬石綿襯墊，而實際使用的卻是壓製石綿襯墊。襯墊毀壞致油品洩漏引起著火，輻射熱使鄰近氫氣熱交

換器的法蘭張開，蒸氣噴出衝擊在十八吋氫氣油料的管線上面，而使管線爆裂釋出油料及壓力為$12.75Kg/cm^2$的氫氣。火勢大約在兩小時之後得以控制，火災損失涵蓋了供電及儀錶系統、管線及鋼架結構。

6.3.5 螺絲

如果工廠中有好幾種等級的螺絲、襯墊、管子及管件，如果使用低價格等級的零件會產生洩漏，一次時間很短的失火或一次危險物質的洩漏，就能很輕易地把採用較差品質的螺絲、襯墊及管件多年來的節省成果一筆勾消。

案例七

好幾年以前，在一座大型化工廠中，一位節儉的採購員覺得表面塗有特殊薄膜材料以防銹的雙頭螺絲價格太貴，他同時又知道鍍鎘的雙頭螺絲及螺帽價格較為便宜，於是買進一些鍍鎘螺絲及螺帽。有些鍍鎘螺絲使用在裂解爐的管線上，結果裂解爐出口法蘭開始有些洩漏。機械技工將螺絲上緊，但是由於有所謂「液體金屬脆化」的腐蝕現象，螺牙不能鎖緊。這位機警的機械技工立刻向主管報告，於是在裂解爐發生嚴重洩漏之前，就停爐換裝上規範所指定適當的高強度雙頭螺絲而逃過一劫。

6.4 變更管理與風險評估的範圍

事實上變更管理的範圍非常廣泛，包括所有非同型（not-in-kind）的替換都應納入，當然其所應為之變更風險評估的方法及複

雜程度也因其變更的規模而有所不同，一般變更管理的範圍有：

6.4.1　製程化學物質

用來控制製程或處理原料、產品、設備或排放物等之化學物質。例如：化學原物科、添加劑、抑制劑、乾燥劑、水處理藥品、潤滑油等。

6.4.2　製程技術

對產率、原物料、試驗、設備可用性、新增設備、新產品、觸媒、製程控制策略及操作條件有影響之製程領域。例如：修改管線、調整流量、壓力、溫度、液位等操作參數或其警報值。

6.4.3　製程設備

係指製程設備或裝置之本體及其配件、電腦軟硬體及監控儀器等。例如：化學設備、管閥、管件、儀錶、警報裝置、分析儀器、DCS系統程式、廢油水槽、走道、平台、安全閥及連鎖系統等。

6.4.4　操作程序

係指製程之操作與維修有關方法及步驟，包括標準操作程序、緊急應變程序及工作說明書。

6.4.5　安全設施

包括消防設施、氣體監測器、槽車安全閥等非製程而與工業安全、災害預防和抑制有關之設備或裝置。

但其實一個工廠的變更管理要能落實，欲在短時間內滿足前述五大類的製程變更是幾乎做不到的，我們建議業者在建立此制度時，應愼重定義管制的範圍，以免形同文書作業，造成員工的困擾甚至誤解，則以後再想要進一步推動將更加困難，更難說服員工並要求員工了。我們建議初期推動時可將適用範圍侷限在最關鍵的部分，例如：反應系統、廢氣處理系統等。

6.5　變更管理流程

6.5.1　變更管理運作的困難

要建立一套可行的變更管理制度，首先要能了解到有哪些因素可能會造成變更管理運作困難。我們從一般事業單位或製程工廠經營管理層面作一些剖析，大約可歸納爲以下幾點：

1. 既有的事業單位或工廠運作文化中專業人員或專業工程師經常扮演舉足輕重的角色，如其能經由改良流程、調整設備來建立其個人專業權威，將更增強此種角色，而制度化的變更管理會使人誤會他可能失去權威。

2.由前文中變更管理或製程修改安全計畫的要求,感覺上需要增加許多文書工作。

3.變更管理因制度上的需要,幾乎工廠中各階層、各部門的人都可能涉入,因此考驗管理階層與操作/維修僚屬間的互動關係。

4.在一般工廠的操作文化中,變更是經常性的且是必須的,非常頻繁。

5.管理階層及其對資源的承諾不夠。

6.沒有現行的製程安全資訊與操作程序或其不完整。

7.時間不夠,變更管理將延遲工作的完成。

6.5.2 使變更管理運作容易的考慮方向

因此,要如何使變更管理運作容易可考慮的方向有:

1.使用既有的組織、管理、工作模式、作業流程與溝通方式來運作變更管理。

2.更新製程安全資訊,包括:管線儀器圖(P & ID)、設備技術文件、配置圖等。

3.清晰且明確的定義什麼是「變更」,什麼是「同型替換」(不需變更管理)。

4.使用既有的工作模式,並提供簡單的程序以辨識與記錄變更案件。

5.整合「變更管理」至既有的審查及核准程序中,例如:既有的作業申請/工單系統,及開車前安全檢查制度。

6.設計並使用簡單的「變更申請表」去辨識與管理變更案件。

7.提供一可能需「變更管理」的變更類型/種類的表列。

8.由誰負責辨識「非同型更換」的工作之發生？

9.由誰負責審查與核准是否為「非同型更換」？

10.是否某些種類的非同型變更已提供了已經核准的相關維修或安裝程序？

11.何種程度的製程危害分析可滿足變更管理的需求？檢核表、what-if腦力激盪、危害與可操作性分析（HazOp）？

12.由誰負責組織並引導該評估？

13.誰有權核准「變更」？

14.如何確認已核准的「變更」被完成？

15.何種程序被引導來進行開車前或啓用前安全檢查？

16.在緊急狀況下如何處理非同型變更？

17.在夜班、週末、假日期間如何處理非同型變更？

6.5.3　建立變更管理程序的步驟

我們建議可參考下列步驟，循序漸進的建立變更管理程序：

1.使管理階層了解並認同變更管理的需求與重要性。

2.組織MOC小組或推行委員會，由各功能部門的代表人員參與。

3.指派MOC小組或推行委員會的主席或負責人。

4.準備可能需MOC的「變更」表列，來源包括：

　(1)針對什麼是「變更」進行腦力激盪。

　(2)檢討廠內因變更而產生的意外事故／虛驚事故。

　(3)檢討因變更而產生意外事故／虛驚事故的文獻或報告。

　(4)以設施／設備的單元分類或零組件去定義「變更」。

5.將「變更」歸類為工廠人員所了解的種類，例如：

(1)操作與維修變更（作業程序）。

(2)轉動機械、分離器、儲槽變更（設備）。

(3)易燃性、爆炸性、毒性危害變更（化學物質）。

(4)製程技術與設備變更（設計）。

6.訂定審查／核准變更的管理位階和權責。何種位階的人與何種位階的權限可以審查、安裝或執行？權責的定義必須到可負責並有權的位階，才不致延遲整個程序的運作。

7.設計變更申請表。

8.制定MOC程序或修正既有的變更申請程序，並整合步驟4至步驟7的結果，需包括下列原則：

(1)不同類型變更所需的製程危害分析的程度。

(2)結案前的審查程序。

(3)相關之檢查與測試程序。

(4)追蹤變更案件。

(5)更新文件資料。

9.訓練工廠人員去辨認變更及了解變更管理的重要性，及正確使用「變更申請表」。

10.稽核變更管理的執行情況，包括下列事項需加以驗證：

(1)人員是否了解哪些變更已納入MOC？

(2)人員是否了解如何去依循MOC制度並運作之？

(3)人員是否了解哪些文件資料必須更新，已作了哪些更新？

　　並定期檢討稽核結果，修正制度之可行性，以逐步提升安全績效。圖6-1為一般變更管理之運作流程，然而仍必須考慮實務面的問題與必要的安全標準相結合，才能落實執行。

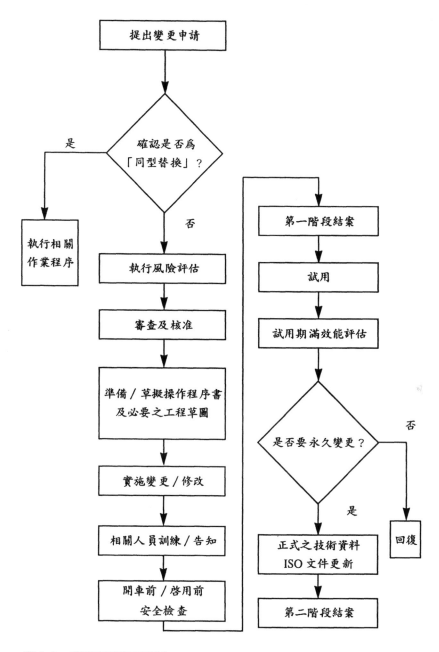

圖6.1 變更管理流程圖

6.6 製程變更風險評估的做法

製程變更風險評估的做法並無特定的要求,常用之製程安全評估的方法都可以使用,例用:what-if 腦力激盪法、檢核表分析、失誤模式與影響分析(FMEA)、危害與可操作分析(HazOp)等。對於特殊具敏感性的變更案件亦可採用失誤樹分析將變更前後之潛在風險加以量化,或針對不同的可能變更方案之風險加以量化並比較之。對於小型的變更申請,例如改變設備零件規格,如果在相關工程資訊充分的情況下可能僅需召開一次會議進行 what-if review 即可,甚至與相關部門利用電話或 e-mail 溝通並留下記錄亦可;但如工程資訊不充分且有許多疑點時,則必須進一步收集資料,或做必要之工程計算、模擬或測試。對於大型或複雜的變更專案,則需運用較系統化的方法,如:HazOp 或 FMEA 進行逐管線、逐設備的細部評估。**表 6.2** 中所提供的檢核表可供一般性的製程變更執行風險評估時參考。亦可先進行初步風險評估以判斷變更的風險程度,再決定是否要採取進一步之評估及選用適當的評估方法,如**表 6.3** 之示範。

總之,變更管理的落實有賴管理制度的設計適當合理,與流程能運作順暢,管制範圍具可行性且工廠人員能適應,所有人員具有風險管理的共識,且能適當有效地執行製程變更風險評估。

表6.2　安全衛生影響評估檢核表

提案名稱：　　　　　　　　　　　提案編號：

評估項目	是	否	不適用	評估結果說明
1.製程				
1.1本次修改或變更是否會引用新的化學物質，如：反應物、溶劑、觸媒或新的原料來源中可能的不純物？	☐	☐	☐	
1.2新的化學物質是否爲易燃物、爆炸性、毒性、致癌性、刺激性、具分解能力、氧化劑？是否有物質安全資料表？	☐	☐	☐	
1.3新的製程技術是否增加熱生成速率、反應壓力？在開車、停車、正常操作或攪拌故障、公用系統失常時是否具有發生異常高溫的潛在危害？	☐	☐	☐	
1.4原有之排放及釋壓系統在新的操作條件下是否足夠？	☐	☐	☐	
1.5是否會產生破眞空條件的風險？	☐	☐	☐	
1.6是否會增加逆流或交互污染的風險？	☐	☐	☐	
1.7製程修改或變更後之易燃性液體或氣體或可燃性粉塵是否仍適用於原電氣／防爆區劃分？	☐	☐	☐	
2.設備				
2.1本次修改或變更是否包括新的壓力容器？如果是，是否完成工檢程序並取得合格使用證？	☐	☐	☐	
2.2新的操作壓力與塔槽的最大允許工作壓力間是否有足夠的壓差？	☐	☐	☐	
2.3釋壓系統的釋壓能力對製程偏離、閥或管線故障、公用系統失常或火災而言是否足夠？	☐	☐	☐	
2.4遙控隔離閥是否需要？雙隔離閥與盲封設計是否需要？	☐	☐	☐	

（續）表6.2　安全衛生影響評估檢核表

提案名稱：　　　　　　　　　　提案編號：

評估項目	是	否	不適用	評估結果說明
2.5與安全有關之關鍵性的製程警報與連鎖系統是否因製程修改而處於另一種新的狀態？	☐	☐	☐	
2.6是否產生新的引火源（包括：熱表面、機械火花、靜電、電弧等）？	☐	☐	☐	
2.7氣體偵測系統、消防水系統、防溢堤或排水系統是否需要修改以適應新的變更？	☐	☐	☐	
3.操作程序、訓練與技術文件				
3.1製程、機械與儀器圖是否有需要更新？	☐	☐	☐	
3.2新的物質安全資料表是否提供予操作及維修部門？	☐	☐	☐	
3.3開車、正常停車與緊急停車之狀況與程序是否重新檢討？	☐	☐	☐	
3.4配線圖與電力系統圖是否需要更新？	☐	☐	☐	
3.5設備檔案是否針對加入的壓力容器、儲槽或新設備加以更新？	☐	☐	☐	
3.6排水溝與地下管道圖是否需要更新？	☐	☐	☐	
3.7警報序列及其安全測試程序是否需要再建立？	☐	☐	☐	
3.8其他必要的維修測試與檢查程序是否需要建立？	☐	☐	☐	
4.本次修改之規模經過以上評估後是否還需要進行進一步的危害與可操作性分析（HazOp）？	☐	☐	☐	

表6.3 變更案件之初步風險分析

I 危害程度

提案編號：

檢核項目	是	否	檢核結果 說明及建議
1.這項變更對原有之化學、機械、熱、電等各項能源是否會產生重大的影響？或有火災、爆炸風險之變更？如：防爆區使用電氣設備之變更			
2.這項變更是否會導致毒性、反應性或易燃性物質存量的增加（考慮原物料、中間物、添加劑、產品及副產物）？如果會的話，增加的百分比爲何？			
3.製程系統的變更是否包含任何已知或預估有熱、化學性或物理性不安定的物質？			
4.這項變更是否會顯著增加人員暴露於危害的機會？			
5.這項變更是否與製程系統之操作安全標準有關？			

評估結果說明：若第2題答案爲25％以上，或其他問題有2題以上答案爲「是」時，則列爲高度危害。

危害程度： □高 □低

II 變更程度

檢核項目	是	否	檢核結果 說明及建議
1.這項變更是否會導致製程操作（不論穩定或過渡狀態）起出安全操作範圍？			
2.這項變更是否會引入新的化學物質（考慮原物料、中間物、添加劑、產品及副產物）？			
3.對同一製程和設備而言，這項變更是否會改變原有操作或維修程序之先後次序？			
4.這項變更是否會嚴重改變製程區或廠務系統的配置？			
5.這項變更是否會更換或影響安全設施（如：氣體偵測／警報系統）、關鍵性控制系統或元件、連鎖系統、緊急關斷器、排氣系統及其負荷，或是使其By-pass？			
6.變更影響所及之操作員或技術員是否需特殊的技術訓練（包含標準及緊急操作程序），使其能安全地執行工作？			
7.在現有系統之同一設備中是否須處理反應性不相容的化學物質（考慮原物料、中間物、添加劑、產品及副產物）？			
8.是否有加壓或毒性、腐蝕性、易燃／可燃性、氧化性的氣體、化學品管路或設備零組件變更及Exhaust之管路變更？			
9.這項變更是否有減弱防火功能？如：防火區劃、牆／門位移、消防設施移除			

評估結果說明：若第1題或第2題答案是「是」，或是其他問題有2題以上之答案爲「是」時，則爲高程度之變更

危害程度： □高 □低

III 風險等級

根據第I、II節的評估結果，來判定此變更之風險等級：

危害程度	變更程度	
	低	高
低	第1級	第2級
高	第3級	第4級

變更之風險等級爲：第＿＿級

評估人員簽名：＿＿＿＿＿＿＿＿＿＿ 日期：＿＿＿＿＿＿＿＿＿＿＿

參考文獻

1. "The Flixborugh Disaster", *Chemical Engineering Progress*, pp. 77-84, September, 1975.

2. "Plant Modifications: Troubles and Treatment", *Chemical Engineering Progress*, pp. 73-77, February, 1983.

3. "Small Quick Changes can Create Bed Memories", *Chemical Engineering Progress*, pp. 78-83, May, 1992.

4. "Proceedings of Management of Change for CAPCO", PLG Engineers, Scientists, Management Consultants, 1997.

5. Sanders, R. E., *Chemical Process Safety Learning from Case Histories*, Butterworth-Heinemann, 1999.

6. 29 CFR Part 1910.119, Process Safety Management of Highly Hazardous Chemicals, 1992.

7. 「危險性工作場所審查暨檢查辦法」，行政院勞委會，民國88年6月30日第二次修正版。

8. 危險性工作場所製程安全評估訓練教材，工研院環境與安全衛生技術發展中心。

第7章
本質安全設計與風險控制

7.1 緒言

由許多重大工業災害的調查與分析中辨識出的事故原因，不論是操作人員的錯誤、維修人員的錯誤或是設備故障，都提供給我們許多降低或減少災害後果的經驗與方法。但無論如何，要工廠操作人員及維修人員全天候皆保持在「無錯誤」的完美作業狀態是非常困難的。我們可能可以保持「頂尖」的作業狀態一個小時，或一局比賽的時間，或一段音樂的時間，但無法連續保持下去。製程工程師可以有第二次的機會去改善他的設計，但對於操作人員及維修人員而言，他們的操作後果則沒有改變的機會了。所以工廠設計應儘可能朝「對使用者友善」（user friendly）（借用電腦術語，指易於操作且安全的製程或潛在問題較少的製程、較佳的製程）的方向來考慮，以便它們能夠容忍因操作人員或維修人員疏失，偏離了原來設計的理想狀態時，不致造成安全、產品品質或生產效率的嚴重影響。

同理，在設備的可靠度改善方面，百分之百的可靠度是不可能達到的，必須在可靠度與經費之間做一些折衷與取捨。工廠應該儘可能地設計成即使是設備故障，亦不致造成安全、產品品質或生產效率的嚴重影響。

這類的爭議對所有的工業而言皆然，尤其是化學工業與核能工業，因為它們處理危險性物質，而且其因為人為或設備失誤所導致的後果非常嚴重。可靠度的水準的要求很高，可能已經超過了人類或材料的極限。二千個接頭在停爐期間被打開，然後再安裝，其中有一個接頭在歲修後洩漏，只有一個裝錯了，而且它可能就是我們所知道的僅有的一個，已足以構成實施全面檢修的原因了。

7.2　本質安全設計工廠具有之特性

7.2.1　強化（intensification）

操作較小量的危害性物質是較佳的工廠設計，存量小，即使在其全部外洩時亦不會導致很嚴重的災害。「什麼是你不能有的——不能外洩」這句話已很明顯的反映出前句話的意義，但是直到1974年英國Flixborough爆炸事件之前，大家一直很少考慮過減少危害性化學物質在工廠中的量的設計方法。以往工程師們設計一個工廠，並且輕易的接受了它的設計存量。1984年波帕爾事件肇因於外洩，造成二千人以上的死亡，其禍端即在儲存（異氰酸甲酯），只是為了操作方便，但並不是根本必要的儲存。化學物質的存量通常應該減少至所有操作單元操作容量的總量。

7.2.2　取代（substitution）

如果「強化」的設計策略不可行，就應該考慮採用「取代」的策略：使用較安全的化學物質來代替較危險的。也就是以不易燃的冷凍劑或熱媒來取代易燃的冷凍劑或熱媒，生產較安全的產品以取代危害性較高的產品，以使用較不具危害性的原料或中間體的製程來取代使用危害性原料或中間體的製程。

「強化」策略在應用上優於「取代」策略，因為它還有減少許多費用的好處。如果化學物質存量或運轉量減少，則管線、塔槽、結構及基礎工程都較小。但是「強化」策略在應用時的最大困擾是

許多人主要都只考慮費用的減少。事實上較安全的工廠設計並不僅是「隔離」，它只是所有處理方式中的一種方法，而應該同時包括費用降低、能源使用的減少、簡單化等，這些觀念都將逐漸被重視及採用。

7.2.3　減弱（attenuation）

另一種代替「強化」策略的方法是「減弱」，即在最低危害條件下使用危害性物質。以在大氣壓力下冷凍液體的方式儲存液氯與液氨，來代替常溫下加壓液化。染料形成爆炸性粉塵時可以漿料的處理方式來解決這個問題。

「減弱」策略有時候是「強化」策略的逆向運作，例如當反應非常強烈時，我們如要採用「減弱」策略，就可能需要一個較長的滯留時間。

7.2.4　限制影響（limitation of effects）

如果較佳的設備（friendly equipment）洩漏，其流率低，較易於停止洩漏或控制。螺旋加強墊圈優於纖維墊圈，因為即使其螺工有瑕疵或接合緊密度不正確，洩漏率亦較低。管式反應器優於罐式反應器，其洩漏僅限於管子的截面，可經由關斷管線上的阻閥來停止外洩。氣相反應器優於液相反應器，因為其通過相同特定大小孔徑的質量流率較小。

改變反應條件（例如溫度或操作的次序），通常可以預防反應失控，或降低其發生的機率。在批式製程中不同的容器內執行不同階段的操作，將更可以使設備適應且接近於每一個操作步驟的設計要求，而較幾個操作步驟，例如反應與中和同在一個容器內進行為

佳。使用蒸氣或熱油作爲熱媒時，限制其操作溫度可以預防過熱現象。

「強化」、「取代」、「減弱」、「限制影響」等策略通常可被引用爲本質安全設計（inherently safe design）的重要觀念，因爲這些方式可代替以往較常用的利用加設保護設備來控制危害的方法。

7.2.5　簡單化（simplification）

較單純的工廠優於複雜的工廠，因爲它們較少有機會發生錯誤，且其設備亦較不易故障，而且通常也較便宜。

工廠設計複雜度高的主要原因經常是爲了加裝設備去控制危害。而本質安全工廠則也是較單純的工廠。其他造成工廠複雜的原因有：

1. 設計程序的問題：直到設計後期才去辨識危害或操作上的問題。此時已經不可能避免危害，所有我們能夠做的事就是加入複雜的設備去控制危害。
2. 彈性化的期望：多重管路的工廠具有許多交錯的管線與管閥，以使這些管件能發揮網路的功能，但亦增加了許多洩漏點，且因閥設定錯誤而造成的意外亦容易發生。
3. 因隔離及更換閥的需求而安裝了過多的備件。
4. 不斷的因循一些已不再需要的法則或實務。
5. 不容忍的風險：加了許多設備後，我們真的遠離高風險嗎？

當然較佳的工廠經常可以結合一個以上的設計特性，「強化」與「取代」設計策略的工廠通常也是一個簡單化的工廠，因爲它們較少需要加裝安全設備。有時候我們必須在兩者間做一選擇，以一較安全的化學品取代危險性化學品呢？還是爲了某些理由仍使用

它，再加上一容易失控的反應顧慮，而採用較複雜的保護系統。

7.2.6 避免骨牌效應（avoiding knock-on effects）

較佳的工廠設計是即使意外事故發生亦不致產生「骨牌」（knock-on 或 domino）效應。例如處理易燃性物質，若設施建在戶外開闊空間，洩漏時將因為自然的通風現象而擴散，此時可在兩個區域之間（反應區與爐區、製程區或槽區）裝設火災遮斷設備，以阻止因引燃後火勢蔓延。

7.2.7 防愚設計（making incorrect assembly impossible）

較佳的工廠設備是使不正確的操作組合不可能或非常困難發生。例如壓縮機阻閥之管路設計應為進口閥與出口閥不會交錯使用。

7.2.8 狀態清晰（making status clear）

較佳的設計是，即使驚鴻一瞥亦能很輕易的看到組裝或安裝的不正確，及開關是在開的位置還是在關的位置。例如單向閥（止逆閥）應加標示，以便安裝在錯誤的方向時可明顯看出；它的標示不應是模糊不清的箭頭，還需要操作者去尋找辨識。有升降軸的閘閥優於（friendlier）無升降軸的閘閥，因其可輕易看出是在開的位置還是在關的位置。如果操作不允許在錯誤的位置，則球閥較佳。

7.2.9 容忍（tolerance）

較佳的設備設計是在沒有失常情況發生時，可以容忍較差的安裝或操作。螺旋加強墊圈優於纖維墊圈，因螺工有瑕疵或接合緊密度不正確，洩漏率將較低。在管工中加延伸環路優於伸縮接頭，較能容忍安裝上的瑕疵。硬管或連接臂較軟管為佳。金屬一般優於玻璃或塑膠。

7.2.10 易於控制（ease of control）

如果可能，我們應該儘量利用物理定律來執行製程控制，它將優於加上的控制設備。流量可經由與另一流量控制器的比例控制取得，但最好是直接使用流孔板。

對於控制變數具有較慢或較平滑應答的製程明顯的優於較快或較陡急應答的製程。溫度上升將降低反應速率的反應優於具有正溫度係數的反應，但是對於化學工業而言，這是較困難的，某些吸熱反應屬這一類的反應，例如以氫氣和氮氣合成氨。

7.2.11 軟體（software）

在某些可程式電子系統（programmable electronic system）中，錯誤易於被偵測及矯正，較優於其他的系統。軟體被較廣泛的使用去涵蓋所有的操作程序（有別於僅控制硬體與設備），則優於一般的系統，模擬機應用於教育訓練和工作指導就是一個典型的例子。採購多種類型或規格的墊圈、螺帽與螺絲，久而久之就會發生安裝錯不同規格的事情。就長期的運作而言，採用一個式樣規格較少的

採購系統是較便宜的事（即便是採購較貴的規格的零件），因為只要發生一次意外事故，其損失都很可能超過長期以來在零件維護費上所節省下來的花費。因此，應儘可能維持採購的型式至最少。

總結前述十一項製程特性：

1.強化（intensification）。

2.取代（substitution）。

3.減弱（attenuation）。

4.限制影響（limitation of effects）。

5.簡單化（simplification）。

6.避免骨牌效應（avoiding knock-on effects）。

7.防愚設計（making incorrect assembly impossible）。

8.狀態清晰（making status clear）。

9.容忍（tolerance）。

10.易於控制（ease of control）。

11.軟體（software）。

我們應在製程運轉的各階段，規劃、設計、建造、試車、開車、正常操作、維修等，以系統化的危害辨識方法，如HazOp、FMEA、Checklist等找出各種潛在問題，並評估其危害性，靈活運用此十一種設計策略來避免危害（**表7.1**、**表7.2**），其次才是考慮加裝連鎖或緊急釋放等保護系統，以降低危害頻率的方式來控制危害。

7.3 強化製程實例

本節中將探討藉由降低工廠與儲存中的危害性物質的存量，以

達到增加安全及降低成本的目的。經由組合數種操作設計也可以
得到「強化」的設計策略。另在本節最後也將列舉一些成功的
「取代」設計策略的工業實例。

表7.1　本質安全設計的製程特性

製程特性 (feature)	較佳的設計 (friendliness)	較不好的設計 (hostility)
1.強化 (intensification) 　反應器 (reactors)	充分混合 (well mixed) 高轉化率 (high conversion) 槽內冷卻 (internally cooled) 氣相 (vapor phase) 管式 (tubular)	混合不均 (poorly mixed) 低轉化率 (low conversion) 槽外冷卻 (externally cooled) 液相 (liquid phase) 罐式 (pot)
硝化甘油製程 　(nitroglycerin manufacture)	NAB process	批式製程 (batch process)
熱交換器 (heat transfer)	小型化 (miniaturized)	傳統式 (conventional)
中繼槽儲 (intermediate storage)	小量或無 (small or nil)	大量 (large)
2.取代 (substitution) 　熱媒 (heat transfer media)	不易燃 (nonflammable)	易燃 (flammable)
溶劑 (solvents)	不易燃 (nonflammable)	易燃 (flammable)
氯氣製造 (chlorine manufacture)	薄膜電池 (membrane cells)	水銀電池 (mercury and asbestos cells)
1－萘基－N－甲基氨基甲酸酯 (carbaryl production)	取代製程 (alternative process)	波帕爾製程 (Bhopal process)
3.減弱 (attenuation) 　液化氣體 (liquefied gases)	冷凍 (refrigerated)	加壓 (under pressure)
爆炸性粉塵 (explosive powders)	漿化 (slurried)	乾燥 (dry)
失控反應物 (runaway reactants)	稀釋 (diluted)	高純度 (neat)
任何物質 (any material)	蒸氣 (vapor)	液體 (liquid)

（續）表7.1　本質安全設計的製程特性

製程特性 (feature)	較佳的設計 (friendliness)	較不好的設計 (hostility)
4.限制影響 (limitation of effects)		
墊圈 (gasket)	螺旋加強型 (spiral wound)	纖維型 (fiber)
破裂盤 (rupture disk)	正常型 (normal)	反扣式 (reverse buckling)
儲槽護堤 (tank dikes)	小而深的 (small and deep)	大且淺的 (large and shallow)
批式反應 (batch reactions)	多槽 (several vessels)	單槽 (one vessel)
可使用的能量 (available energy)	能量限制 (energy level limited)	高能量 (energy level high)
5.簡單化 (simplification)		
較少的洩漏點或錯誤的機會 (fewer leakage points or opportunities for error)	避免危害 (hazards avoided)	以加裝設備來控制危害 (hazards controlled by added equipment)
	單一管線 (single stream)	多重管路交錯 (multistream with many cross-overs)
	專用工廠 (dedicated plant)	多功能廠 (multipurpose plant)
	一個大廠 (one big plant)	多個小廠 (many small plants)
備件 (spares)	不安裝 (uninstalled)	安裝 (installed)
設計原則 (rules)	彈性使用 (flexible)	完全依循 (always followed)
設備 (equipment)	能承受壓力與溫度 (able to with-stand pressure and temperature)	以安全閥等來保護 (protected by relief valves, etc.)
	一個槽，一項操作 (one vessel, one job)	一個槽，兩項操作 (one vessel, two jobs)
流動 (flow)	重力 (gravity)	泵送 (pumped)
6.避免骨牌效應 (avoiding knock-on effects)		
建築 (buildings)	開闊空間 (open sided)	密閉 (enclosed)
	火災遮斷設施 (fire breaks)	無火災遮斷設備 (no fire breaks)
槽頂 (tank roof)	弱頂接合 (weak seam)	強化接合 (strong seam)
立式槽 (horizontal cylinder)	遠離其他設備 (pointing away from other equipment)	與其他設備相接 (pointing at other equipment)
7.防愚設計 (making incorrect assembly impossible)		
壓縮機阻閥 (compressor valves)	不可交錯操作 (noninterchangeable)	可交錯操作 (interchangeable)
加水至油中的設備 (device for adding water to oil)	不能連接上游 (cannot point upstream)	可連接上游 (can point upstream)

（續）表7.1　本質安全設計的製程特性

製程特性 (feature)	較佳的設計 (friendliness)	較不好的設計 (hostility)
8.狀態清晰（making status clear） 　閥（valve）	有升降軸或使用球閥 （rising spindle or ball valve with fixed handle）	無升降軸（nonrising spindle）
9.容忍較差的操作或維護（tolerance of maloperation or poor maintenance）	連續式工廠（continuous plant） 螺旋加強墊圈（spiral-wound gasket） 延伸環路（expansion loop） 硬管（fixed pipe） 連接臂（articulated arm） 螺旋接頭（bolted joint） 金屬（metal）	批式工廠（batch plant） 纖維墊圈（fiber gasket） 伸縮接頭（bellows） 軟管（hose） 軟管（hose） 快速接頭（quick-release coupling） 玻璃或塑膠（glass, plastic）
10.易於控制（ease of control） 　對於變化的應答（response to change） 　負溫度係數（negative temperature coefficient）	平滑（flat） 慢（slow） 溫度上升會使反應終止的製程（processes in which rise in produces reaction stopper）	陡急（steep） 快（fast） 大部分的製程（most processes）
11.軟體（software） 　錯誤易於被偵測矯正（errors easy to detect and correct） 　教育訓練與指導（training and instructions） 　墊圈、螺帽、螺絲等（gaskets, nuts, bolts, etc.）	某些可程式電子系統（some programmable electronic systems） 某些（some） 少數型式的採購系統（few types stocked）	某些可程式電子系統（some programmable electronic systems） 大部分（most） 多樣型的採購系統（many types stocked）

表7.2 「為何」及「何時」本質安全工廠成本低

設計策略	價格影響	原因說明
強化 (intensification)	大	較小的設備及減少許多外加的安全設施
取代 (substitution)	中度	減少外加安全設施的需求
減弱 (attenuation)	中度	減少外加安全設施的需求
限制影響 (limitation of effects)	中度	減少外加安全設施的需求
簡單化 (simplification)	大	減少設備
避免骨牌效應 (avoiding knock-on effects) ·配置 (layout) ·開放式結構 (open construction) ·弱頂儲槽 (weak roof tank)	負面影響 中度 —	需增加場地,增加某些費用 不需要建造某些建築結構 較安全之設計但不增加費用
防愚設計 (making incorrect assembly impossible)	—	通常爲較佳之設計但不增加費用
狀態清晰 (making status clear)	—	通常爲較佳之設計但不增加費用
容忍 (tolerance)	適度的	固定管會較軟管或伸縮臂便宜
易於控制 (ease of control)	中度	減少控制設備的需求,降低維修成本
軟體 (software)	—	通常爲較佳之設計但不增加費用

7.3.1 反應

除了儲槽之外,沒有任何操作單元在減少操作量且能維持效率的設計努力方面較之「反應」更形重要。許多連續式反應器,例如液相氧化反應器,內含大量高易燃性液體,一旦外洩將造成火災爆炸,Flixborough事件中的環己烷就是明顯的例證。會設計使用大型反應器幾乎其理由都不是因爲產出量大,而是反應慢或是轉化率低或是兩者兼具。當轉化率低時,反應器的輸出物大部分會回流再反應,進而增加了工廠的盤存量。理論上來說,並不

需要大型反應器，如果年產二萬噸產品，假設流體線性速度為1m/sec，則大部分流體皆可經由通過二吋（或五公分）內徑的管線來達到此目的。但因為反應慢或轉化率低，大部分的工廠製造二萬噸／年產品時必須設計大型的管線。

反應慢是因為混合差或該反應之反應速率本質上即低。如何以較佳的混合來降低反應體積，將在稍後討論，如果反應本質上屬於低反應速率者可藉由提高壓力或溫度或發展較好的觸媒來增快反應。管式反應器（tubular reactors）應被考慮來取代罐式反應器，因其在安全的角度上完整性（integrity）高，洩漏時可藉由關閉柱管上的遙控隔離閥來止漏，如果需要，此種隔離閥可延著管式反應器多安裝幾個以快速限制可能的外洩量在五或十噸以內，當然亦可降低嚴重的火災、爆炸或毒性物質外洩意外事故的機會了。連續式罐式反應器槽體本身洩漏的機會雖極低，但在其大的進料管線或出料管線損壞時可能會很快的排空而造成大災害。

如果可能，氣相反應器應被考慮發展以取代液相反應器，因為蒸氣的密度遠低於液體，外洩時其質量流率遠低於液體。但是，當然高壓氣體的危害性會與液體相當。

在設法降低液相罐式反應器的大小設計策略時，應注意折衷方案將會比較極端的方案差。一非常小的反應器操作在高溫高壓下可能是本質安全的，因其含有的內容物很少，即使完全洩漏，嚴重事故亦不可能發生。一個大型反應器操作在大氣壓力與溫度下或是較低的溫度下可能也是安全的，因為壓力低外洩少、頻率低；溫度低洩漏物質產生的蒸氣量低，本例為「減弱」策略的實例，而非「強化」。但折衷方案：中溫、中壓、中量的體積，可能組合成最壞的製程特性。圖7.1中對液相罐式反應器的設計策略有所比較說明。

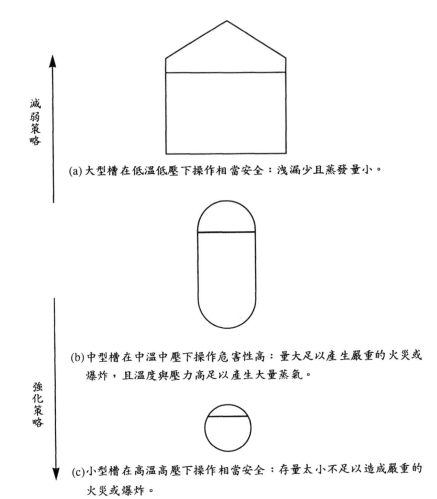

(a)大型槽在低溫低壓下操作相當安全：浅漏少且蒸發量小。

(b)中型槽在中溫中壓下操作危害性高：量大足以產生嚴重的火災或爆炸，且溫度與壓力高足以產生大量蒸氣。

(c)小型槽在高溫高壓下操作相當安全：存量太小不足以造成嚴重的火災或爆炸。

圖7.1　不同設計條件下的液相罐式反應器的影響

硝化甘油製程

硝化甘油（nitroglycerin）的製程經由再設計以達到降低反應器存量的目的是一個極佳的實例。硝化甘油是由甘油與濃硝酸和硫

酸的混合物反應生成而來，如以下反應方程式：

$$C_3H_5(OH)_3 + 3HNO_3 \rightarrow C_3H_5(NO_3)_3 + 3H_2O$$

此反應為高放熱反應，如果反應生成熱未被冷媒有效移除或反應中攪拌失控都將會產生爆炸性的分解反應。此反應最早是被設計在一個內含一噸化學物質的批式大型攪拌槽中進行，操作員必須持續監看反應溫度以確保安全操作。

如果要使此製程更安全，我們應該做些什麼？可能大部分的人都會在反應器上加上一些儀錶，以量測溫度、壓力、反應物及冷卻水的流量、反應溫度上升率等，以便於必要時操作閥門關斷流量、增加冷卻，或排放、釋壓等等，但是當我們加完了這些設備，會發現加入的保護設備的成本明顯的高於反應器。

我們為什麼不思考為何反應器的操作量要這麼大？明顯的答案是因為反應慢。但是化學反應速率並不慢，分子會快速反應，而是工程上的問題——混合慢。所以後來設計了一個均勻混合的反應器，僅有約一公斤的內容量即可達到前述批式反應器相同的產出。此新型反應器類似實驗室的水泵。快速流動的酸經由此裝置產生部分真空將甘油由側臂吸入，非常快速的混合使得混合物在離開反應器時反應已經完成了，如圖7.2所示。反應物在反應器中的滯留時間由一百二十分鐘減少到二分鐘，操作員僅需在一合理大小的防爆牆保護之下即無安全之虞了。在現代的硝化甘油工廠中，產品通常被乳化，較純質液體安全許多，此則為「減弱」的另一實例。

此反應器的控制系統設計也較傳統控制設計更本質安全。酸液流下時，甘油量會呈一固定比例流下，而不需要再加裝流量比控制器或是其他的儀器，因為它們也可能故障失效。圖7.2中展示了很簡單但有效的反應器停機方式，如果失誤被偵測到，電磁開關會失去能量，重錘落下開啟柱塞閥（plug valve），空氣進入反應器，破

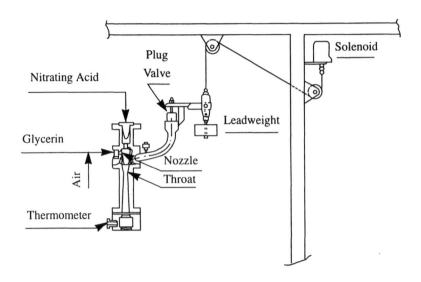

圖7.2　硝化甘油Nobel AB製程中的硝化噴射注入器

壞酸液所製造的部分真空，甘油因而無法吸入，反應停止。此連續式製程的另一項優點是生成熱均勻而易於控制，在批式製程反應過程中熱的變化則受混合的品質所影響。

改良型柱式反應器

典型的化學反應系統，採用外部循環冷卻的設計模式，如圖7.3(a)，改良型的柱式反應器（plug flow reactor）如圖7.3(b)，很明顯的此種形式的設計較之前者少了泵、外部冷卻器、連接管、攪拌器格蘭等，這些裝置都可能是洩漏源。酸液被注入反應器的第一個夾層，反應氣體再由噴流管加入反應器的每一個夾層，如此將可達到混合均勻的目的。藉由去除外部循環設備以降低化學物質存量，同時亦可預防逆混合（back-mixing）現象。歷經許多年，外部冷卻反應器系統已經過許多的細部修改，但卻沒有機會去改變基本

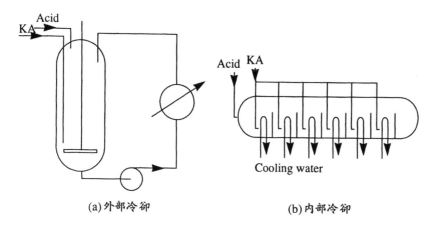

(a)外部冷卻　　　　　　　　　　(b)內部冷卻

圖7.3　改良型柱式反應器

設計。產品一直維持很好的利潤，以致操作人員覺得增加產能比改善設備設計更重要。也可能是因為反應器由反應專家負責設計，而冷卻器由熱傳專家負責設計，而此二者一直沒有在一起溝通研討。

環氧乙烷衍生物

　　環氧乙烷（ethylene oxide, EO）衍生物的製造通常在批式反應器中進行。通常先將其他的反應物加入反應器中，再將EO緩慢加入。EO會快速反應，其累積在反應器中的濃度一般維持很低。EO如在蒸氣相中出現，遇到引火源可能產生爆炸。例如溫度太低或觸媒活性失效等因素都可能使反應變慢，加入的環氧乙烷未即時消耗而累積在液體中，如揮發即產生危險，洩漏將會引燃或者爆炸。

　　取代的製程反應是在管式反應器中進行。管式反應器將沒有蒸氣相，洩漏時可藉由關斷閥門來止漏。如果需要可安裝數個自動控制的關斷閥，以限制外洩量的大小，如圖7.4。

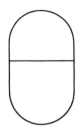

蒸氣相含EO
液相正常時不含EO，但如反應停
止EO可能出現，液體可能易燃

(a)批式反應器

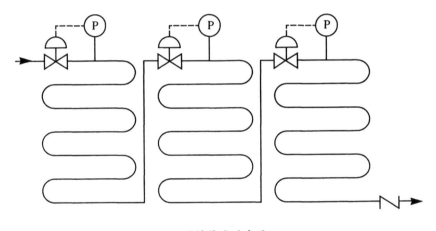

(b)連續管式反應器

圖7.4　環氧乙烷衍生物製程

改善混合的裝置

　　前文提及許多反應速率低因而需要大型反應器的原因是混合效率差。Middleton與Revill提出針對兩液相或氣液相混合的改善建議如圖7.5與圖7.6。Leigh與Preece則提出利用設備中加裝傾斜擋板，以產生液體擾流，增加兩相流速，加大接觸的表面積與逆向混合區間，本質上的優點為可以結合反應與萃取，增加單位體積的質傳效率，達到以較小存量產生較大產出的目的。

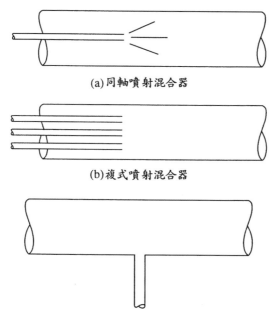

(a)同軸噴射混合器

(b)複式噴射混合器

(c)側向注入混合器：液體必須沖擊對面管壁

圖7.5　強化兩液相反應的方法

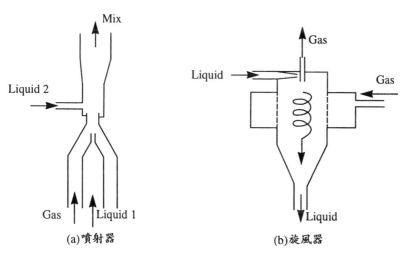

(a)噴射器

(b)旋風器

圖7.6　強化氣液相反應的方法

7.3.2　蒸餾

蒸餾塔底部通常在加壓下有大量的沸騰液體，且其在蒸餾塔中的積存量通常是操作量的好幾倍。在大氣壓塔中液體溫度在沸點之上，但在壓力塔中如外洩液體將迅速閃沸而可能產生危害。而其他氣液接觸或分離程序設備如吸收（absorption）、洗滌（scrubbing）亦有類似的情況。

在選擇填料（packing）塔或板式（tray）塔設計時會考慮與計算許多因子，低存量亦是我們的設計目的之一。但對於不同形式的填料塔與板式塔而言，每一理論板（theoretical plate）的滯留（hold-up）差異很大。大部分的板式設計每一理論板的滯留介於40與100mm，而填料式設計介於30與60mm，薄膜板式設計（film trays）則小於20mm。很不幸的是這些比較數據並未被設計人員充分運用。

圖7.7描述某些減少存量的方法，塔底的物質存量可藉由縮減塔底內徑來達成，如圖7.7(a)。內部排管（internal calandrias）與分餾柱（dephlegmators）較之外部再沸器與冷凝器的量小，且可能洩漏的設備少了很多，即使是塔底泵是否可進入塔中亦是值得考慮的，如圖7.7(b)。如果可能，兩個蒸餾塔應合併爲一個，如圖7.7(c)。

危害將隨著大量儲存而來，大型塔底可能衍生其他危害。蒸餾塔被蒸氣加熱，計算顯示當迴流失效，持續進入蒸餾塔之蒸氣所造成的壓力上升相當可觀，應被有效預防，此將成爲釋壓系統設計的課題。如果設計人員高估了進入蒸餾塔之大量的熱塔底物質，則同時亦將會高估其蒸發後之塔頂輕質成分，如此將增大壓力，及釋壓系統排放口大小的需求。熱塔底物質的量可藉由縮減塔底來減量。

低存量蒸餾設備，例如Luwa 蒸發器已被使用於特殊的危害性物質製程，例如異丙苯過氧化氫（cumene hydroperoxide），因其可能分解爆炸，或許此類設備應更廣泛使用。

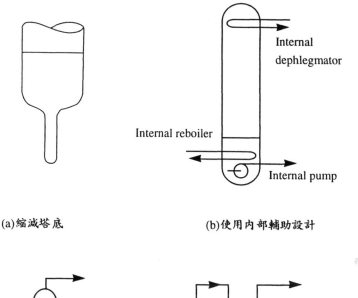

(a)縮減塔底   (b)使用內部輔助設計

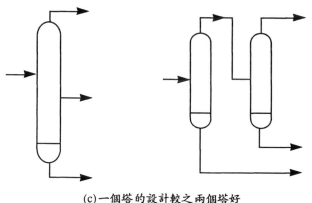

(c)一個塔的設計較之兩個塔好

圖7.7　蒸餾塔減量的做法

7.3.3　儲槽

　　1984 年印度 Bhopal 異氰酸甲酯（methyl isocyanate）外洩殺死二千人並且有更多的人受到傷害，此次意外事故得到了許多教訓並引發了許多議題與研究，但最重要的，同時也被許多人忽略的是外洩物質不是原料也不是產品，而是中間產物。但是儲存中間產物不是製程的基本需求，或許只是爲了操作方便罷了。注意，許多製程的中間體通常是屬於反應性的化學物質，極有可能產生反應性危害。Bhopal 事件後，許多化學公司都如同聯碳公司（Union Carbide）的考慮，宣稱異氰酸甲酯與其他危害性中間體不再被儲存，而在其生成後立即使用消耗完。取而代之五十或一百噸儲槽的是在製程管線中僅有的幾公斤化學物質。其他被減量或消除的中間體儲存包括：光氣（phosgene）、氰化氫（hydrogen cyanide）、環氧乙烷（ethylene oxide）、環氧丙烷（proplyene oxide）、三氧化硫（sulfur trioxide）及氯（chlorine）。

　　大部分的強化設計方式爲改變設備設計或減少儲存量。圖 7.8 描述分離液化石油氣（LPG）的蒸餾單元的強化設計策略，事實上在工廠中有兩個類似的蒸餾塔，圖 7.8(a) 是先設計的系統，圖 7.8(b) 是後來再設計時考慮減少存量的系統，如表 7.3 之比較，說明如下：

1. 迴流槽被移除，迴流泵由冷凝器的液位吸取液體，冷凝器的設計必須考慮 LPG 流經殼側，而冷媒則在管側。
2. 原料與產品的緩衝槽（buffer storage）被移除，而直接抽取自原料槽及送至小型緩衝槽（surge drum）。
3. 使用低滯留填料塔式設計，且縮減塔底，以降低停留時間至

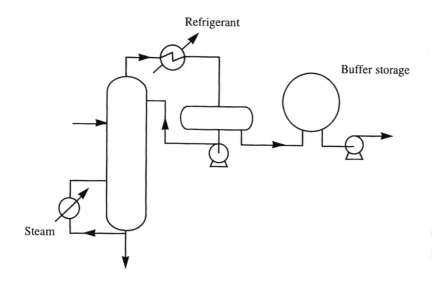

Refrigerant

Buffer storage

Steam

(a)原始設計

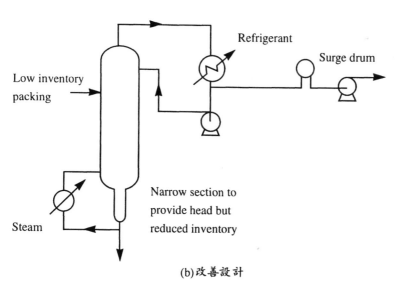

Refrigerant

Surge drum

Low inventory
packing

Narrow section to
provide head but
reduced inventory

Steam

(b)改善設計

圖7.8　LPG 分離工廠的兩種設計

表7.3　LPG分離工廠減量實例

物質盤存位置	原來存量（頓）		再設計後存量（頓）	
	工作量	最大量	工作量	最大量
儲槽	425	850	—	—
製程工廠	85	150	50	80

二分鐘。

7.3.4　取代

　　本質安全設計的製程也是對於環境影響較小的製程，也就是說本質安全設計間接的效益即是工業減廢。一般工業減廢技術大約可分為產源減量及回收再利用兩種主要策略，其中尤以產源管制方式中改變原物料，屬於源頭減量；改進製程技術與改進操作管理屬於製程減量，都是較積極有效的做法。

　　源頭減量最基本的觀念就是取代的策略，以較穩定、較安全的原料、中間體、產物、副產物、觸媒、添加劑，取代較不安全、毒性較高或較易燃的原料、中間體、產物、副產物、觸媒、添加劑。或進而發展較安全的新製程，不涉及毒化物的製程，改變製程流程、操作方式，取代原有的舊製程。因此源頭減量或取代的本質安全設計策略可以說是以製程化學與技術為基礎（chemistry and technology-base）的減量技術，如**表7.4**中所列舉的範例。製程減量則是以改變製程設備、設施、管線之設計、操作條件、控制方法及維修管理制度，以增加原料轉化率，提高物料之循環利用率及加強系統之密閉作業，避免危害性物質外洩等作為減量策略。**表7.5**中列舉某些毒性化學物質以取代為主要設計策略的成功改善案例。

表7.4 製程化學與技術策略之取代方法

1.原料

- ·使用不同型態或物理形式的觸媒。

- ·使用親水性塗佈以取代親油性（VOC）之塗佈。

- ·針對氧化反應使用純氧以取代空氣。

- ·使用無重金屬或其他危害性物質的顏料、熔劑、焊接劑。

- ·使用松烯（Terpene）或檸檬酸基溶劑以取代氯化或易燃性溶劑。

- ·使用超臨界二氧化碳以取代氯化或易燃性溶劑。

- ·使用乾式顯影劑以取代濕式顯影劑於非破壞性測試。

- ·針對某些成分使用熱空氣乾燥以取代溶劑乾燥。

- ·使用無須清洗或低固形物熔劑於焊接應用。

2.工廠單元操作

- ·製程中操作單元相對位置之最適化。

- ·調查操作單元合併或整合之可行性。

- ·對既有反應器之反應動力學、混合特性與其他參數進行最適化再設計。

- ·調查反應器設計是否可取代為連續攪拌槽反應器。

- ·針對製程回流與廢棄物，調查是否可設計分離反應器。

- ·調查不同形式的添加反應物，例如以漿料取代粉體。

- ·調查反應原料加入順序變更的可行性。

- ·基於再生資源取代石化原料，調查替代的化學合成方法。

- ·調查批式操作轉換成連續式操作的可行性。

- ·改變製程條件與避免原料水解成不預期的副產物。

- ·使用化學添加劑去氧化有異味的物質。

- ·使用乳化破壞以改善有機層與水層在重力分離設備中的分離效果。

表7.5 毒性化學物質減量實例摘要

減量技術	工業類別	案例說明
源頭減量 (取代策略)	鹼氯工業	以薄膜取代水銀法,降低汞污染。
源頭減量 (取代策略)	硬脂酸鎘製程	以氧化鎘取代鎘或硫酸鎘,製程無含鎘廢水產生,以免污染農田。
源頭減量 (取代策略)	半導體工業	以乙酸乙氧基乙酯 (ethylene glycol ethers) 作爲光阻劑的溶劑,雖可降低易燃性,有良好的蒸發率與水中混合性,但1987年半導體工業協會與加州大學Davis分校合作對14家公司中的15,000名作業員工進行的研究報告顯示在低於5ppm (TLV-TWA) 的暴露下可能造成流產及影響生育。 建議以單甲基醚丙二醇之衍生酯類與乳酸乙酯 (propylene based glycol ethers, ethyl-lactate and ethyol-3-ethoxy propionate) 作爲光阻劑的溶劑。
源頭減量 (取代策略)	半導體工業	化學氣相沈積製程製造硼磷矽玻璃 (BPSG) 薄膜以TMB、TMP和TEOS反應取代高毒性 B_2H_6、PH_3 之 SiH_4 Base 的反應。
源頭減量 (取代策略)	電鍍業	(1)以低毒性的三價鉻取代高毒性之六價鉻。 (2)採用無氰電鍍以降低毒性。
製程減量 (強化策略)	農藥原體合成	不儲存異氰酸甲酯 (methyl isocyanate, MIC),在須用MIC之製程前增設MIC生產製程,MIC生成後立即用掉,以降低其危害性。
製程減量 管末處理 減量 (減弱策略)	PU合成皮業	濕式PU合成皮業產生大量含二甲基甲醯胺 (dimethyl formamide, DMF) 危害性物質之廢水,每一碼PU皮約產生15％ DMF廢水3kg,以蒸餾法回收利用 (DMF與水),則渣量只有0.018kg／碼PU皮。
管末處理減量 (減弱策略)	石化業	甲基丙烯酸甲酯 (methyl methacrylate, MMA) 之製程廢水含有毒化物氰 (CN),先以次氯酸鈉等氧化劑將氰離子氧化破壞後,才進入一般廢水處理池處理。

7.4　本質安全設計評估

　　本節中提供了一份簡易式的檢核表以協助研究人員、工程人員或設計人員辨識製程是否符合本質安全的原則，如**表7.6**。從化學物質的危害特性作為評估的基礎，進而考慮消除危害物、減量、安全操作狀態，及減少危害性廢棄物等製程安全因素，其中結合了強化、取代、減弱、限制影響、簡單化等設計策略。

7.5　安全系統

　　本質安全設計雖然是工業製程設計的較佳策略，但在許多情況下，本質安全設計受到許多限制，不一定做得到，而對於某些既有的工廠而言，如欲進行改善，可能也只有從加裝安全設備，提升操作可靠度（reliability）或災害消減（mitigation）系統下手了。一般工業製程的安全系統評估範圍有下列幾類：

1. 壓力釋放系統和排放口，可能需考慮的完整性與可靠性因素包括：
　　(1) 多重壓力釋放系統。
　　(2) 設計時應考慮多種狀況同時發生時的最糟情況（例如：外界火災侵害塔槽且槽內攪拌故障產生局部熱蓄積，壓力持續上升）。
　　(3) 冷、溫、毒性及腐蝕性蒸氣收集排放道，包括分離、溫度限制、構造材質、管路規格變更、除液槽等（所有因

表7.6 本質安全評估檢核表

檢核項目	檢核結果說明	改善建議
1.何種物質具有危害性（如：原料、中間物、產物、副產物、廢棄物、意外事故反應之生成物或燃燒生成物）？ 一何種物質易形成蒸氣雲？ 一何種物質具有立即性毒性？ 一何種物質具有慢性毒性、致癌性、致突變性或致畸性？ 一易燃物有哪些？ 一可燃物有哪些？ 一哪些物質不安定、對熱敏感？ 一哪些物質在法規上訂有排放標準或限制？		
2.製程物質之性質是什麼？考慮： 一物性（如：沸點、熔點、蒸氣壓、蒸氣密度） 一急性毒性和暴露限制（如：IDLH, LD_{50}） 一慢性毒性和暴露限制（如：TLV, PEL） 一反應性（如：不相容、腐蝕性、聚合反應性） 一燃燒性（如：閃火點、自燃溫度、爆炸上下限） 一環境性質（如：生物分解性、水中毒性和嗅覺恕限值）		

檢核項目	是	否	不適用	檢核結果說明	改善建議
3.是否能消除危害性物質？					
—使用較低毒性、反應性或易燃性之原料、中間物或產物的替代製程是否已經過評估？	☐	☐	☐		
—危害性物質是否以稀釋狀態儲存（如：以氨水取代液氨、以硫酸取代發煙硫酸）？	☐	☐	☐		
4.危害性物質的存量是否儘量降低？					
—儲槽的數目和容量是否降至最低？	☐	☐	☐		
—所有製程設備的選擇和設計是否能降低化學物質的含量（如：使用濕壁塔[wiped film stills]、離心式分離機、驟沸式乾燥機、連續式反應器或線上混合器[in-line mixer]）？	☐	☐			
—危害性物質（如：氯）是否以氣態之進料方式取代液態進料方式？	☐	☐	☐		
—危害性中間物是否可以直接轉換成產物，以降低儲存的風險？	☐	☐	☐		
5.製程是否能在較安全狀態下運作？					
—原料供應壓力是否能維持在進料容器的允許工作壓力之下？	☐	☐	☐		
—藉由使用或改善觸媒，或是增加迴流量以補償較低的產率，反應安全操作條件（如：壓力、溫度）是否能較寬鬆？	☐	☐	☐		
—在塔槽中的製程操作步驟是否能降低其複雜性，減少進料管線、公用設備及輔助系統的數目？	☐	☐	☐		
6.危害性廢棄物是否能儘量減少？					
—廢物流是否能回收？	☐	☐	☐		
—所有的溶劑、稀釋劑或載介（carrier）是否有回收？若無，是否能儘量減少使用或清除？	☐	☐	☐		
—所有的清洗操作是否已最適化，以減少廢水量？	☐	☐	☐		
—有用的副產物是否有回收？	☐	☐	☐		
—危害性副產物是否能分離取出，以降低危害性廢棄物的總量？	☐	☐	☐		
—危害性廢棄物是否與一般性廢棄物分開存放？	☐	☐	☐		

素都會影響設計考慮）。

(4)使用自動減壓閥。

2.緊急釋放系統排至燃燒塔、洗滌塔等，應考慮以下因素：

(1)自然釋放（直接釋出）、控制性釋放。

(2)燃燒塔距地面高度。

(3)洗滌塔／焚化爐之需求，可靠度、旁路（bypass）。

(4)監測器（熱電偶、分析器）。

3.廠區／設備隔離，應考慮以下因素：

(1)遙控隔離之能力（失效時自動設定在安全位置，及可在一段距離之外操作緊急阻流閥）。

(2)隔離閥之作動性考慮（酸／火災－抗性、快速關閉、緊急動力等），失效時通常應設定在安全之關閉位置。然而依據1999年美國石油協會的防火新規範API 2218中對於緊急隔離設備的耐火定義：須通過UL 1709標準的測試，該標準為模擬碳氫化合物池火的狀況，在2,000 ℉（1,093 ℃）下持續五分鐘，測試設備的表面累積熱通量至65,000 BTU/ft^2-hr，鋼材表面平均溫度達1,000 ℉（538 ℃）而還能維持原設計功能不致燒毀。此標準對於許多工廠的火災風險管理而言都將面臨嚴苛的考驗。

(3)閥位置（考慮泵浦吸力[suction]，儲存有大量危害性物質之塔槽下方）之可接近性。

(4)開關及控制鈕之位置。

4.關鍵性警報及連鎖系統，可能需考慮的完整性與可靠性因素包括：

(1)獨立的感測器／開關，連鎖迴路勿與控制迴路共用同一元件或訊號傳送器。

(2)不同作動機制或原理的多組重複訊號（例如：至少有兩

種形式可判斷槽液位過低的量測裝置，再加上低液位警
報）。

(3)硬體與軟體之配合

(4)多組關斷裝置（如兩個阻流閥、連鎖關斷器）。

5.火災監測／消防，應考慮以下因素：

(1)火焰偵測器、偵熱器及偵煙器。

(2)消防水系統（主管、泵浦、消防栓、噴頭、緊急供應）。

(3)水覆／灑水系統（用在泵浦／塔槽，為噴灑式）。

(4)泡沫系統（固定式、移動式、泡沫類型）。

6.氣體監測，應考慮以下因素：

(1)可燃性、毒性氣體監測：可能產生此類氣體之化學物質
適用性。

(2)監測點（包括佈點之有效性及高度考慮）。

7.緊急供應系統，應考慮以下因素：

(1)備用電力、儀用空氣。

(2)不斷電系統：用於關鍵性設備及控制系統。

參考文獻

1. Kletz, T. A., *Plant Design for Safety: A User-Friendly Approach*, Hemisphere Publishing Co., 1991.

2. Kletz, T. A., "Causes of hydrocarbon oxidation unit fires," *Loss Prev.* 12:96-102, 1979.

3. Kletz, T. A., "Fires and explosions of hydrocarbon oxidation plants," *Plant Oper. Prog.* 7(4):226-230, 1988.

4. Kletz, T. A., *Learning from Accidents in Industry*, Butterworths,

1988.

5. Middleton, J. C. & B. K. Revill, "The intensification of chemical reactors for fluids," presented at the Institute of Chemical Engineers Research Meeting, 18-19 April, Manchester, U.K., 1983.

6. Bell, R., "Loss prevention in the manufacture of nitroglycerin," *Process Optimization Symposium Series* no. 100. Rugby, U.K. Institute of Chemical Engineers, 1987.

7. Hearfield, F., "Adipic acid reactor development-with benefits in energy and safety," *Chem. Eng.* (UK), 316:625-633, 1980.

8. Kletz, T. A., *What Went Wrong? -Case Histories of Process Plant Disasters*. 2nd ed. Sect. 3.2.8, Houston: Gulf, 1980.

9. Leigh, A. N. & P. E. Preece, "Development of an inclined plate jet-reactor system," *Plant Oper. Prog.* 5(1):40-43, 1986.

10. Bradley, D. & U. Buehlmann, "Column internals: selection and performance," *Chem. Eng.* (UK), 440 (supplement):6-7, 1987.

11. Chadha, N., "Develop multimedia pollution prevention strategies," *Chem. Eng. Prog.* 11:32-39, 1994.

12. Anderson, S., F. Balkau, & C. Gurkok, An integrated approach to MOS-gated power semiconductor manufacturing based on cleaner production technologies for waste minimization by design, 0-7803-1769-6/94S04.00, IEEE, 1994.

13. API Publication 2218, *Fireproofing Practices in Petroleum and Petrochemical Processing Plants*, 2nd ed., American Petroleum Institute, 1999.

14.王世煌、劉國棟,《毒性化學物質專業技術管理人員訓練

教材（7）：毒性化學物質危害評估與逸散減量管理》，行
政院環保署環境人員訓練所，民國88年3月。

附錄一

初步危害分析評估標準

Q1.計畫及製程 —— 初步危害分析的範圍界定

評估設計是否符合安全、環保及健康基準前，必須先對評估計畫的目標及其涵蓋之製程加以了解。

1.1 計畫定義

一般是由計畫專案經理提出，其內容包括：

(1)評估目標／計畫描述。

(2)產品與原料的規格與品質。

(3)產出的需求、產出的能量。

(4)預期的操作模式（如：二十四小時操作，批式或連續式製程）。

(5)計畫的階段與進度。

(6)造成業務損失或工廠各種不便之影響程度。

(7)控制原理（特別強調電腦系統或可程式控制器[PLC]）。

針對建築物的考慮，則須包括：

(1)各類設施的品質及形式。

(2)建築物的用途及產生之需求（如：人員、電腦、通風系統及排煙櫃的數目等）。

1.2 專案經理須對製程工程師所提出之製程或操作的主要描述加以確認。

1.3 對曾發生過造成明顯安全、健康或環境影響之事故的類似計畫或製程，所使用相同或相關之操作技術皆須加以調查。

此調查包括：

(1)公司本身的經驗。

(2)其他已知事故。

此類資料可分三方面收集——政府機構、其他公司或學術研究單位。

對於取得資料之來源出處須加以記錄。

已經辨識過的資料須再加以檢討，確認所有控制危害所需注意的事項皆已清楚了解。

Q2.物質危害資料——化學品本質危害、化學品間的相容性，及一般處理方法

在第一次的危害評估會議召開前，所有的化學品或物質的清單應先列出。此清單可由專職此工作的工程師、化學師或其委託代表列之。清單內容應包括：

2.1 原料、中間物／中間混合物、主產物或產物、副產物。

2.2 排放物：氣體、液體、固體、漿料。

2.3 由鄰近設施飄過來的物質，及其他地方匯集入廠內之排水溝或地層中的物質。

2.4 維持系統或製程運作所需之其他物質，包括：觸媒、抑制劑、生物性物質、輻射性物質、去污劑及除毒劑、燻煙、任何特殊維修物料或活性基內所含的任何物質。

2.5 公用設施，包括：熱媒油、介電流體、氣體、蒸汽、油、氮氣、冷卻水、製程水、儀用空氣、廢棄物（包括添加物及污染物）。

2.6 建造用材料。

2.7 拆／建工程產生的物料，如：廢土、粉塵、排水管、管件、塔槽或表面之塗覆物：PCB、絕熱用材料、鉛、易燃物等。

2.8確認所有物質皆有物質安全資料表（MSDS），並將有缺漏，須進一步收集資料的部分加以註明。另外，設法找出資料中可能影響決策或設計及須考慮安全因子的部分。

2.9評估製程中物質之危害性。完成下列三份檢核表：

(1)物質危害特性檢核表。

(2)物質與物質間之相容性，及物質與結構材質間之相容性檢核表。

(3)物質在製程中之處理方法檢核表。

2.10在進行本質安全、職業衛生及環境保護等問題之檢核時，應使用的觀念為：

(1)避免危害（avoidance）。

(2)取代設計（substitute）。

(3)強化設計（intensification）。

(4)減弱危害（attenuation）。

2.11由工廠中任一區段或由任一操作所產生的外洩物質量，加上抑制外洩，如除污劑、消防水等而產生的總量，在儲存或使用條件下，會對安全、健康或環境產生不可接受的後果嗎？如果會，則須對本質安全、衛生和環境接受度方面的考慮加以檢討，並計算風險值。

2.12在處理物質量未知的地區，須預估會造成對該區域外的不良影響物質量。

2.13當以反應性化學物質進行批式製程操作時，須進行化學品熱危害測試與評估。

2.14如屬研究計畫，對物質的危害性尚不清楚時，則此操作區域，一般是實驗室或試驗工廠須建立適當的安全防護。

Q3.環境影響

經由適當的製程途徑、技術之選擇以消除對環境的危害是防止安全性危害的最佳方法。在整個計畫發展及初步危害分析的檢核中要運用「本質環境接受度」的觀念。

3.1在危害分析小組集會之前，須令製程工程師、化學師、其委託代表或環境專家備妥環境說明圖。此圖應包含簡易方塊圖以標示所有放流物及廢棄物。對2.2項所列之各排放物管路亦須在環境說明圖中加以辨識：

(1)物質是如何排放、控制、監測的？

(2)排放物已知的潛在影響為何？

針對此說明圖作檢核與認可。

3.2確認所有的新設計、減廢、廠外廢棄物之避免、能源節約及廢棄物皆能符合工廠的「環境目標」，至於「環境目標」的內容是依工廠的政策訂定之。

例如政策為：所有活動之管理須以社會之福祉為依歸，確保其符合現行各項法規，並能為社區大眾所接受，其活動所產生之影響要減至最低。針對此政策，公司訂立了下列目標：

目標1：新廠的環境成效。新廠須符合法令規定之建造標準。其製程之操作要合理預估當地最嚴格之環境標準要求，例如三年後可能的環保新標準。

目標2：減廢。五年內廢棄物降低50％，尤其注意危害性的廢棄物，儘量消除所有廠外有害環境廢棄物之棄置。

目標3：能源保存。建立積極再生性的能源保存與回收計畫。

目標4：回收再利用。廢棄物儘量回收再利用。

3.3 (1)是否還有2.2節中未列入的放流物？

(2)有關處理物質之環境影響資料，在本計畫中或對正運轉中的操作是否充分？

(3)觸媒、抑制劑、除污劑、除毒劑、輻射性、生物性／病原性物質、維修廢料、物品之包材等的棄置是否會有問題？

(4)不合格（退貨）或受污染的物料之棄置是否已加以考慮？

(5)施工所需之砂土、材料及拆除產生的廢土廢料之棄置是否已加以考慮？

(6)施工／拆除時產生的塵土與洩漏物是否有注意要避免其影響排水？

(7)如果沒有抑制物，是否會有任何一種製程物質會對環境造成不良影響？

(8)需要對土壤及地下水進行監測以防其遭到污染嗎？

(9)需要確認消防水之處理及其成分不含污染物嗎？

(10)對於一般性事業廢棄物是否要加以特殊的考慮（含包材）？

(11)是否有特殊的情況會使物質流失或擴散（如：水災、暴風、流出的消防水等）？

(12)在非正常情況下是否會有有害性或毒性／生物環境活性物質產生（如：製程異常或暴露在火災中）？對廠區外會有影響嗎？

(13)施工／拆除或操作時對環境中之樹木／植物／動物會有

明顯影響嗎？

Q4.健康及毒性（即須控制暴露量的物質）

　　每一項設計及施工／拆除行為應儘可能以抑制有害物質為基礎。如此，工業通風及穿戴個人防護具之需求可減至最低。

　　此工作須對物質危害性及職業衛生暴露標準有完整的了解。

4.1職業健康說明書應在危害分析前由職業衛生師、製程工程師、其委託代表或計畫經理準備好。

　　須特別留意要控制其洩漏量（如：接頭、封蓋、密封處產生的洩漏），或要控制人員之暴露量的物質，在職業健康說明書中要予以辨識並標示其使用的是何種暴露限制標準（如：法定限制標準、業界使用的標準、工廠自己訂的標準）？檢核並認可職業健康說明書中的內容。

4.2檢核計畫中或正運轉中之操作所含物質的健康影響相關資料是否充分？

4.3在新廠或有特殊健康危害的地區考慮是否進行「工業衛生設計」評估？包括內容物、製程條件、接管標準、泵浦及閥之選擇、通風需求等考慮。

　　如果其中含有未完全了解其毒性的物質之存放點，或屬評估中的製程，則將其視為「最糟的情況」。

4.4考慮是否需要特殊遮蔽物及變更設施？

4.5如有重複性的手動作業，或者工作場所配置對操作及維修的影響甚大的話，考慮是否須做人體工學方面的研究？

Q5.運輸與配置

考慮廠區配置的選擇，包括廠區間的運輸。此項研究內容應包含火災爆炸、製程異常等骨牌效應對現存具危害性物質或具缺陷的管路、建築、設施、儲槽等之考慮。

5.1(1)明確定義運輸階段（如：公路、鐵路、海運、管路等），以考慮由主原料至產品目的地之流程。

　　(2)廣義的運輸階段包括在施工／拆除時說明施工／拆除之物料及設備的流向與存放。

　　(3)檢核是否可藉由廠區位置及輸送物料的選擇，將因施工／拆除或運輸物料產生的風險降至最低。

　　(4)對於較難檢核的情況，可以使用量化風險評估法。

5.2(1)考慮沒有抑制、圍堵的情況下，對周圍建築物（如：控制室、作業場所、辦公室、實驗室、住宅、學校、醫院、商店和運動場）的潛在影響。

　　(2)在災害發生，抑制失效時會產生明顯風險的地點，可進行量化風險評估。

　　(3)考慮計畫對廠內或廠外的其他衝擊。

5.3考慮現存廠或操作對提出之擴建計畫的潛在影響，包括：化學物質不相容性，及排水和空氣污染的潛在危害。

5.4(1)提出之計畫是否會限制了未來廠區的發展？

　　(2)在計畫設計時須考慮不尋常意外事故發生的情況。如：地層下陷、地層滑動、水壩破裂、地震、暴風雨及強風、飛機墜毀、暴風雨導致海上風浪太大、雨後洩洪、防波堤破口、海嘯等。

(3)對施工及相關運輸的問題已做過安全的調適了嗎？需不需要另做研究？建造噪音／振動會對現有操作或鄰近建築產生不良影響嗎？

Q6.與主管機關的聯繫（含法令規定）

考慮是否需要經有關單位核准始可開工的程序。

最好對本計畫所需合乎的法令規定作一張完整而詳盡的一覽表。

6.1 要聯繫的主管機關、單位有哪些？

6.2 每項聯繫工作是由誰來負責？

6.3 本計畫會改變了原先合乎法令規定的狀態嗎？是否有任何一個工廠或廠區須更新其物質清單？

Q7.法定標準及安全、健康和環保基準

建立持續性的許可標準（如：經常性的或意外的洩漏，在設廠之初即取得當地主管機關認可支持的適用標準）非常重要。另外對該標準未來可能做的改變也必須加以考慮。

7.1 安全基準

人員可容許的最大風險值有多大？

(1)毒性氣體釋放的標準。

(2)員工風險。

(3)廠外人員個人風險。

(4)重大事故頻率。

7.2 環保標準

下列各項的標準為何？

(1)氣體排放。

(2)水溶液排放或放流水。

(3)粉塵。

(4)固體廢棄物。

尚有其他環境上的限制嗎？如廠外噪音標準、煙囪造成的視覺影響等。環境事故的最大容許標準為何？在施工／拆除時有任何特殊考慮嗎（如噪音／廢棄物）？

7.3 健康標準

勞工作業環境暴露限制標準為何？

7.4 廠內噪音標準

最大容許廠內噪音標準為何？

Q8.針對危害標準所訂定之設計基準／規範

8.1由何人負責這些技術標準？技術經理、工程經理或其他人？

8.2計畫中所使用的技術或化學物質是依據哪些設計指引、規範或標準？

設計指引應具備：

(1)持續性的排放：符合逸散管制標準的設計方法。

(2)緊急釋放原則：符合毒性氣體釋放標準的設計方法。

(3)噪音標準：符合規定的設計方法。

(4)廠區配置與安全距離。

(5)消防。

(6)產品品保。

(7)任何具潛在性環境影響釋放的控制。

Q9.人員組織及應變需求

除考慮製程／地理因素外，組織及人為因素也很重要。

9.1在當地可提供適當合格的人員執行施工、試車、操作及維修的工作嗎？

此項考慮在新危害和／或新技術初次在廠內出現時最重要，尤其是當它和現有者差異性頗大，或與人員所熟悉的作業不同時。

9.2本計畫會因新工作系統，如：分散式控制系統（DCS）、資訊系統或操作程序，而導引出製程異常或操作危害嗎？誰會來負責處理呢？

9.3關鍵性控制、操作及配置方面的概念都清楚嗎？包括：重要控制參數的關聯性、控制架構、資料連結、高階控制（APC）、連鎖系統等。

9.4緊急設施

檢核緊急設施是否符合本計畫之需要？包括：消防系統、偵測設備、緊急電力、緊急照明、急救設備、搶救設備、沖身洗眼器、個人防護具、通訊設備、洩漏抑制（圍堵）、洩漏處理等。

9.5有考慮尖峰施工時所需之設施分配嗎？如：醫護、衛生和餐飲設施。

在將進行施工／拆除工作的地點，需要與操作中的工廠隔離，應對監工及工人提供適當的訓練。

Q10.需進一步研究的主題

10.1考慮並認可後續危害分析計畫的範圍是否可縮減（僅針對已辨識出之重大潛在危害部分進行進一步之評估）。

10.2考慮並認可是否需額外之安全、健康、環境或品質等相關之研究。例如：

(1)電腦系統研究。

(2)火災檢核。

(3)緊急釋放及排放研究。

(4)危害區域等級檢核。

(5)非製程危害之危害研究。

(6)控制與操作性檢核。

(7)管路標示檢核。

(8)重要機械檢核。

(9)施工／拆除工程之安全研究。

(10)法規。

(11)工廠連鎖及警報系統。

(12)Dow 或 Mond 指數評估。

(13)主要升降機具。

Q11.全面品質管理

　　Q2 至 Q6 的危害研究應建立適當的執行程序，並同時與建廠專案或操作計畫一起納入全面品質管理或 ISO 系統，其中包含考慮其可用度及可靠度。

附錄二

化學工廠初步危害分析

（本質危害分析）範例

Hazard study 1(化學危害檢核表)

計畫代號：
說　明：
日　期：

化學品之危害性質如下：

危害之潛在性：
重大	
可能	→ ?/45
小	一點

參考註解號 → i.e. note 45

檢核表 A

有關化學品危害性質之詳細資料，
是否都已經做了確認？

品名	狀態	總量(庫存量/生產量)	爆炸/火災之危害			反應性安定性危害	毒性危害			臭味	粉塵危害性	其他之健康危害			
			火災	爆炸	靜電		急性	慢性	致變性			放射性	腐蝕性	燙傷/凍傷	其他
AN	液	25T	✓ 1	?	? 14	✓ 2	✓	3	✓ 4	✓		-	-	✓	-
BD	液、氣	150T	✓ 5	? 6	? 7	✓ 8	✓	-	✓ 9	✓		-	-	✓ 11	✓ 12
SM	液	80T	✓ 13	? 13	? 14	✓ 15	✓ 16	-	-	✓ 10		-	-	✓	-
MMA	液	20T	✓ 17	? 17	? 14	✓ 18	✓	19	-	✓		-	-	✓	-
AA	液	24T	✓ 20	? 20	? 14	✓ 21	✓	22	✓	✓		-	✓	✓	-
HA	液	25T	-	-	? 14	✓ 23	✓	-	-	✓		-	✓	✓	-
HM	液	10T	-	-	? 14	✓ 24	✓	-	-	✓		-	✓	-	-
P2	粉	1T	-	?	✓ 14	✓ 25	✓	-	-	-	✓	-	-	-	-
KPS	粉	8T	-	?	✓	✓	-	-	-	-	✓	-	-	-	✓ 26
TDM	液	8T	-	? 27	? 28	✓ 29	-	-	-	-		-	-	-	-
NA	液	25T	-	-	-	-	-	-	-	-		-	-	-	-
NaOH	Sol'n	5T	-	-	-	-	-	-	-	-		-	✓	-	-
DA	液	250kg	-	-	-	-	-	-	-	-		-	-	-	-
KS	液	0.8T	-	-	-	-	-	-	-	-		-	-	-	-

AN:丙烯腈；BD:丁二烯，SM:苯乙烯，MMA:甲基丙烯酸甲酯，AA:丙烯酸，HA:2-羧基丙烯酸乙酯，HM:2-羧基甲基丙烯酸乙酯

Hazard study 1(物質相容檢核表)

計畫代號：

說　明：

日　期：

考量化學品或與結構材質間所有可能反應之情況

危害之潛在性：
危害大→
？可能→
一無

$\boxed{? / 45}$

參考註解號
i.e. note 45

檢核表 B
有關化學品危害性質之詳細資料，
是否都已經做了確認？

化學品 → / 化學品 ↓	AN	BD	SM	MMA	AA	HA	HM	P2	KPS	TDM	NA	NaOH	DA	KS	結構材質 / 化學品
AN		✓							? /30	30					
BD			✓						✓	? /30					
SM				✓					? /30	30					
MMA					✓				✓	? /30					
AA						✓			?						
HA							✓		✓	30					
HM								✓							
P2									✓						
KPS										✓					
TDM															
NA															
NaOH															
DA															
KS															

Hazard study 1(處理方法檢核表)

計畫代號：
說　明：
日　期：

化學品與處理方法之相關性如下：

危害之潛在性：
＊重大
？可能　→　?/45
－無
參考註解號碼 → i.e. note 45

檢核表 C
有關化學品危害性之詳細資料，
是否都已經做了確認？

品名	狀態	總量(庫存量/生產量)	儲存	運輸	處理	裂程條件	構造材質(腐蝕浸蝕)	除污	氣體排放	液體排放	排放物/固體廢棄物	燃燒塔/焚化爐	品質控制	反應程序	區域分級	廠區配置	公用設施	規範標準
AN	液	25T	✓1	✓2	✓1	—	—	✓3	✓4	✓	✓3	✓5	—	✓6	✓7	✓7	—	✓8
BD	液、氣	150T	✓9	✓10	✓11	—	—	—	✓12	—	✓3	✓5	—	✓6	✓7	✓7	—7	✓13
SM	液	80T	✓14	✓2	✓14	—	—	✓3	✓4	✓	✓3	✓5	—	✓6	✓7	✓7	—7	✓8
MMA	液	20T	✓14	✓2	✓15	—	—	✓3	✓4	✓	✓3	✓5	—	✓6	✓7	✓7	—7	✓8
AA	液	24T	✓16	✓2	✓15	—	—	✓3	✓4	✓	✓3	✓5	—	✓6	✓7	✓7	—7	✓8
HA	液	25T	✓17	—	✓15	—	—	✓3	✓4	—	—	—	—	—	—	—	—	—
HM	液	10T	✓17	—	✓19	—	—	✓3	✓3	—	—	—	—	—	—	—	—	—
P2	粉	1T	✓18	—	✓19	—	—	—	—	—	—	—	—	—	—	—	—	—
KPS	粉	8T	✓18	—	✓19	—	—	—	—	—	—	—	—	—	—	—	—	—
TDM	液	8T	✓20	—	✓23	—	✓22	✓21	—	—	—	—	—	—	—	—	—	—
NA	液	25T	—	—	—	—	—	✓3	—	—	—	—	—	—	—	—	—	—
NaOH	Sol'n	5T	✓22	—	—	—	✓22	✓3	—	—	—	—	—	—	—	—	—	—
DA	液	250kg	—																
KS	液	0.8T	—																

檢核表A、B註解：

1.燃燒上下限＝3％至17％，閃火點＝-1.1℃。

2.不安定，可能聚合反應。

3.吸入：暴露於0.6至6mg/m^{3}濃度下約三年，導致頭痛、不眠
　症、心臟痛。

　眼睛：可能造成眼瞼內膜組織發炎。

　皮膚：可能造成過敏性皮膚炎。

4.致癌性：於二十年的作業暴露員工研究中，發現會增高腸、
　肺及前列腺的致癌機率。

5.易燃性液化氣體，閃火點＝-76℃（閉杯）。

6.燃燒上下限＝2％至11.5％。

7.卸載（unloading）操作時，有潛在發生靜電的可能。

8.受熱可能發生聚合不安定，與強氧化劑接觸會增高起火、爆
　炸或劇烈反應的危險性。

9.可能對人類有致癌性。

10.汽油味。

11.會凍傷，必須戴手套。

12.眼睛在濃度2,000ppm至8,000下接觸可能導致刺痛。

13.燃燒上下限＝1.1％至7％，閃火點＝31℃。

14.流動或攪拌時會累積靜電。

15.容易發生聚合反應。

16.疑似致癌物，白血球過多及淋巴瘤與其有關。

17.燃燒上下限＝2.1％至12.5％，閃火點＝11.5℃。

18.可能發生聚合，應避免與下列不相容物接觸：硝酸鹽、氧
　化劑（如：過氧化物）、強鹼、強酸、聚合起始劑。

19.長期暴露會引起慢性呼吸道疾病、皮膚疾病、腎臟及肝臟
　疾病。

20.燃燒上下限＝5.5％至20.5％，閃火點＝51℃（閉杯）68℃（開杯）。

21.可能發生聚合，如急速聚合溫度上升至395℃時會自燃，應避免受熱及紫外線照射，不相容物有：強氧化劑、過氧化物、聚合觸媒。

22.氣管黏膜受破壞，會造成呼吸道發炎、肺積水。

23.可能發生聚合，避免受熱及陽光照射。

24.可能發生聚合，避免與氧化、還原劑、過氧化物、自由基起始劑接觸，及受熱、陽光照射。

25.與強酸不相容，會腐蝕鋼鐵、鋁。

26.大量或長時間皮膚接觸會起濕疹。

27.閃火點＝95℃，爲可燃物，蒸氣有爆炸可能性。

28.有可能產生靜電。

29.與強氧化劑起劇烈反應。

30.有可能因接觸而起化學反應，需進行進一步之調查或測試。

檢核表 C 註解：

1.丙烯腈蒸氣壓高（88mmHg），儲槽有保冷設計，並設置冷凍水（蛇管）循環系統。儲槽以氮封維持正壓（$0.03kg/cm^2G$）以防槽體凹陷（implosion），設置呼吸閥，尾氣經水封drum後送至oxidizer燒除。

2.原料以槽車運輸進廠，以法蘭接頭式軟管卸收，卸收過程接地。針對灌裝作業有VOC管制，灌裝完成後之殘餘液體收集後倒入加料斗回收到製程系統。

3.小量洩漏時以3M吸油棉或吸油布吸收，再送至焚化爐燒除。

4.儲槽呼吸閥之排放尾氣連接至oxidizer，如呼吸閥阻塞時尚

有emergency vent之設計，設定壓力為0.05kg/cm²G。

5. 尾氣處理系統為無焰式oxidizer。

6. 現場設置偵測器，警報訊號連接至控制室。控制室備有四套A級防護衣以供止漏時穿著。儲槽區有消防栓及乾粉滅火器。有緊急應變計畫之規劃。

7. 耐壓防爆區：儲槽區、製程區。

內壓防爆區：冷凍機室。

安全增防爆區：成品槽區、公用區。

8. 遵循API-650W/APP.E&F 9th Ed.。

9. 丁二烯儲槽以冷凍水循環保冷，壓力維持在2至3kg/cm²G。儲槽進出口皆有緊急關斷閥，訊號線路防火包覆。槽頂皆設置灑水系統。

10. 原料以槽車運輸進廠，以快速接頭式軟管卸收，卸收過程中接地。

11. 加50至100ppm TBC抑制劑，進入反應槽前鹼洗至10ppm以下。

12. 丁二烯儲槽FA102A/B設計壓力7kg/cm²G，安全閥設定於6kg/cm²G；FA102C設計壓力8kg/cm²G，安全閥設定於7.2kg/cm²G；排放氣體經水封drum後送至oxidizer。

13. 遵循ASTM SEC.Ⅷ DIV.Ⅰ。

14. 苯乙烯（SM）、甲基丙烯酸甲酯（MMA）、丙烯酸（AA）儲槽設計與丙烯腈（AN）相同。

15. MMA、AA槽除氮封外另加入氧氣（空氣），以使抑制劑作用，防止聚合，氮氣與空氣比維持在3：1。

16. 丙烯酸儲槽除保冷於20℃外，因其凝固點為13.2℃，冬天應防結凍，故有熱交換設計以調控溫度。

17. 200公斤桶裝存放於冷凍倉庫，空調維持20℃。

18. 帶裝存放於一般倉庫。

19. 人工投料時穿戴手套及防塵防霧空氣面罩。

20. 170 公斤桶裝存放於倉庫。

21. 以次氯酸鈉分解除污。

22. 採用 FRP 桶。

23. 處理時穿戴耐酸鹼手套及化學護目鏡。

附錄三

半導體製程設備相對危害等級評估
基準

附3.1 毒性物質暴露指數

附3.1.1 物質本質

分別考慮立即健康危害及慢性健康危害,取等級數較高者為物質本質危害等級。

立即健康危害

立即健康危害受到以下兩種因素的影響,即物質具有之立即性毒性濃度及產生驅動力使其揮發並將物質維持於大氣中的蒸氣壓。針對此等級數的目的,以ppm表示之緊急應變計畫指數(ERPG-2)用來作為毒性量度;揮發性由蒸氣壓來量度,蒸氣壓以mmHg為單位,於25℃下最高至760mmHg。立即健康危害因子為將EPRG-2濃度乘上760再除以蒸氣壓求出,即下列公式:

$$立即健康危害因子 = ERPG\text{-}2(ppm) \times 760(mmHg) / 蒸氣壓(mmHg)$$

立即健康危害因子依下列範圍來指定其等級數:

5 - 0-0.99 立即健康危害因子。

4 - 1-9.9 立即健康危害因子。

3 - 10-99 立即健康危害因子。

2 - 100-999 立即健康危害因子。

1 - 1,000-100,000 立即健康危害因子。

0－＞100,000 立即健康危害因子。

※若物質無ERPG-2值，可取物質之短時間時量平均容許濃度
　（STEL）或最高容許濃度（CEILING），亦可採用時量平均
　容許濃度（TWA）之三倍。
※若物質於常溫常壓下為液態，且其NFPA危害等級中的Nh
　（健康危害性）為4（如HF），則取等級數為其Nh值，而蒸
　氣量則取其最大洩漏量。

慢性健康危害

1.若物質為第一類毒性化學物質，則取等級數為2。
2.若物質為第二類毒性化學物質，而其致癌性依國際癌症研究
　中心分類為2A者，或致突變性依歐聯分類為2者，或生殖毒
　性依歐聯分類為2者，則取等級數為3。
3.若物質為第二類毒性化學物質，而其致癌性依國際癌症研究
　中心分類為1者或依歐聯分類為1者，或致突變性依歐聯分
　類為1者，或生殖毒性依歐聯分類為1者，則取等級數為4。

※第一類毒性化學物質：化學物質在環境中不易分解或因生物
　蓄積、生物濃縮、生物轉化等作用，致污染環境或危害人體
　健康。
※第二類毒性化學物質：化學物質有致腫瘤、生育能力受損、
　畸胎、遺傳因子突變或其他慢性疾病等作用者。

附3.1.2　蒸氣量

　　選擇物質在可能之「最壞狀況」十五分鐘內會以氣態洩漏或蒸
發的最大量。選擇可能之壓力、溫度、機械故障、失控反應、污染

或人為失誤的最壞狀況，但不要任意假設100％的內含物在十五分鐘內會洩光並完全蒸發。

4 － ＞10kg。

3 － 1-10kg。

2 － 100-999g。

1 － ＜100g。

※若物質於常溫常壓下為液態且具腐蝕性，則蒸氣量取其最大洩漏量。

附3.1.3　通風系統

洩漏物質之擴散直接受到所在地點之通風系統的影響。

2 － 一般室內通風系統，如化學品庫房、氣體房等。

1.5 － 回風區（RAP或SUB-FAB）內有強制通風對流，氣流直接經由側面之回風系統排出，因此洩漏的物質易被稀釋且不易滯留。

1 － FAB內有強制通風對流，氣流直接經由側面之回風系統排出，因此洩漏的物質易被稀釋且不易滯留。

1 － 室外，洩漏的物質易被稀釋且不易滯留。

附3.1.4　製程危害

1.若系統之壓力超過10psig（1.75絕對大氣壓），因子值取2。

2.若物質在100℃以下為熱不安定或可能具有熱不安定性，或與一般物質如空氣、水或其他可能之污染物等接觸會起反

應，則因子值取2。

3.若物質於機台中爲液態且有加熱裝置，則因子值取2。

若有上述兩種因子存在，因子值取3；若有上述三種因子存在，因子值取4；若上述因子均不存在，則因子值取1。

4.若機台之操作採人工方式且人員有直接接觸化學物質之虞者，則因子值取4。

附3.1.5 人員暴露

爲考量所評估的單元或機台發生洩漏時，附近人員暴露的可能。

3－FAB內由於一天二十四小時皆有作業人員、維修人員或其他相關人員工作，可考量爲人員最可能暴露的區域。

2－回風區（RAP或SUB-FAB）有部分作業人員在內工作，且設備維修人員須執行PM工作。

1－化學品庫房／氣體房內作業人員需更換酸桶／鋼瓶，有一些例行性操作。

附3.2 火災爆炸危害指數

附3.2.1 物質火災爆炸本質危害

取物質之NFPA危害等級中的Nf（易燃性）值爲其因子值，其數值範圍爲0至4，數值愈大代表危害性愈高。若物質之Nr（反應

性）值≧3，則取Nf與Nr數值較大者爲其因子值。若物質無法查
得其Nf值，叮依下表決定其Nf值。

Nf 值	條件
4	1.易燃性氣體。 2.自燃性物質。 3.閃火點＜22.8℃（73℉）且沸點＜37.8℃（100℉）之物質。
3	1.閃火點＜22.8℃（73℉）且沸點≧37.8℃（100℉）之液體。 2.閃火點≧22.8℃（73℉）且沸點＜37.8℃（100℉）之液體。
2	37.8℃（100℉）＜閃火點＜93.4℃（200℉）之液體。
1	閃火點＞93.4℃（200℉）之液體。
0	非可燃性。

附3.2.2　蒸氣量

選擇物質在可能之「最壞狀況」十五分鐘內會以氣態洩漏或蒸
發的最大量。選擇可能之壓力、溫度、機械故障、失控反應、污染
或人爲失誤的最壞狀況，但不要任意假設100％的內含物在十五分
鐘內會洩光並完全蒸發。

4 － ＞10kg。

3 － 1kg-10kg。

2 － 100g-999g。

1 － ＜100g。

※若物質火災爆炸本質危害考量反應性，則蒸氣量取其最大洩
漏量。

附3.2.3　通風系統

洩漏物質之擴散直接受到所在地點之通風系統的影響。

2 － 一般室內通風系統，如化學品庫房、氣體房等。

1.5 － 回風區（RAP 或 SUB-FAB）內有強制通風對流，氣流直接經由側面之回風系統排出，因此洩漏的物質易被稀釋且不易滯留。

1 － FAB 內有強制通風對流，氣流直接經由高架地板帶至下層之回風系統，因此洩漏的物質易被稀釋且不易滯留。

1 － 室外，洩漏的物質易被稀釋且不易滯留。

※ 若物質具有自燃性則此項危害點數取3。

附3.2.4　製程危害

1. 若系統之壓力超過10psig（1.75絕對大氣壓），因子值取2。

2. 若物質在100℃以下為熱不安定或可能具有熱不安定性，或與一般物質如空氣、水或其他可能之污染物等接觸會起反應，則因子值取2。

3. 若所考量的易燃性物質本身也具有毒性特性（Nh ≧ 2），於發生洩漏時恐會影響緊急處置能力，則因子值取2。
   若有上述兩種因子存在，因子值取3；若有上述三種因子存在，因子值取4；若上述因子均不存在，則因子值取1。

4. 若物質於機台中為液態且有加熱裝置，則因子值取4。

附 3.2.5　人員／設備財產暴露

為考量所評估的單元或機台發生洩漏時，附近人員／設備財產暴露的可能。

3 –FAB內由於一天二十四小時皆有作業人員、維修人員或其他相關人員工作，可考量為人員最可能暴露的區域。FAB內各式機台排列密集，財產價值昂貴。

2 –回風區（RAP 或 SUB-FAB）有部分作業人員在內工作，且設備維修人員須執行PM工作。回風區內有部分機台、鋼瓶及設施，財產價值較高。

1 –化學品庫房／氣體房內作業人員需更換酸桶／鋼瓶，有一些例行性操作。化學品庫房／氣體房內僅有供酸機台或氣瓶櫃，財產價值較低。

附錄四

半導體製程設備物理性危害檢核表

使用說明：

1.本檢核表適用於電子、半導體、光電工業製程機台之物理性危害評估，考量之危害凶子包括：*游離輻射*、*非游離輻射*、噪音、電氣、機械人及自動裝置等項目。另化學品加熱槽因在半導體製程工業的災害事故率最高，故將SEMI S2-93A標準所規範的裝置安全標準亦納入評估，如不適用，可不予評估。

2.化學性危害因子的初步危害分析則可以附錄三相對危害等級評估基準作為評估的標準。

3.十二吋（300mm）晶圓製程設備應以本檢核表進行評估並符合之。在此之前已使用之機台設備亦宜考慮以此標準進行評估並改善之。

4.依據SEMI S2-0200以此標準評估後，如不符合者，則應進行進一步之危害分析，如：what-if、FMEA或HazOp。

5.本檢核表中引述之相關標準或規範制訂機構如下：

(1)ACGIH：美國政府工業衛生專家會議（American Conference of Governmental Industrial Hygienists）。

(2)NRC：美國核能法規委員會（Nuclear Regulatory Commission）。

(3)FDA：美國食品與藥物管理局（Food and Drug Administration）。

(4)CDRH：裝置與輻射健康中心（Center for Devices and Radiological Health）。

(5)IEEE：電機電子工程師學會（Institute of Electrical and Electronics Engineers）。

(6)NFPA：美國國家消防協會（National Fire Protection Association）。

(7)NEC ：美國國家電機規範（National Electrical Code）。

(8)ANSI ：美國國家標準協會 （American National Standard Institute）。

(9)RIA ：機械人工業協會 （Robotic Industries Association）。

(10)SEMI ：國際半導體設備與材料協會 （Semiconductor Equipment and Materials International）。

I300I ESH 檢核表

計畫編號：　　　　　評估日期：　　　　　評估單位：

機台名稱及型號：　　供應商：

項目	指標	審核基準	審核結果			審核意見
			符合	不符合	不適用	
1.0	游離輻射					
1.1	操作及維修過程中的游離輻射逸散量已被減少至可操作之最低值。	1.已進行設備的游離輻射劑量調查，並確保其不超過ACGIH的規定。				
		2.在操作及維修手冊中附加關於減少輻射暴露的管理控制措施。				
		3.關於所有危害性之控制面盤及遮蔽物應設有無法by-pass之連鎖系統，以防止人員暴露在使用中之X-ray或其他未遮蔽之輻射源。				
1.2	在正常操作下，設備應符合最嚴格的適用法規要求。	4.設備應儘可能通過NRC、FDA或其他相關組織之測試。				
		5.設備應根據最嚴格的適用法規要求貼標籤。				

I300I ESH 檢核表（續）

計畫編號：　　　　　　評估日期：　　　　　　評估單位：

機台名稱及型號：　　　　供應商：

項目	指標	審核基準	審核結果			審核意見
			符合	不符合	不適用	
2.0	非游離輻射					
2.1	操作及維修過程中的非游離輻射（如：因紫外光、可見光、雷射、微波等等引起之電磁場）逸散量已被減少至可行之最低等級。	1. 須有設備的非游離輻射劑量調查的書面報告，並確保其不超過 ACGIH TLVs 及 IEEE C95.1 等級。				
		2. 在書面的操作及維修手冊中說明機械設備及相關區域所需量測非游離輻射之頻率及能量。				
		3. 所有用來限制非游離輻射暴露之輔助的管理控制、監測或警報等措施，應於操作及維修手冊中說明。				
		4. 所有具危害源之控制面盤及遮蔽物均被堅固地固定，需有工具才可移除並有標示。				
		5. 移動式遮蔽物應設計為可避免裝反或安裝時有缺失。				
2.2	雷射設備應符合 FDA-CDRH 的要求。	6. 雷射設備應通過 FDA-CDRH 之測試。				
		7. 可取得原始的雷射設備報告，其中應				

I300I ESH檢核表（續）

計畫編號： 評估日期： 評估單位：

機台名稱及型號： 供應商：

項目	指標	審核基準	審核結果			審核意見
			符合	不符合	不適用	
		包括FDA-CDRH測試號碼。				
		8.雷射設備應有如同21 CFR 1040.10上之驗證通過標示。				
		9.應使用符合CDRH規定之無法by-pass之連鎖系統。				
		10.對於雷射設備及其相關系統應有書面的校正及維修記錄。				
		11.應列出安全操作所需配戴之個人防護具。				
3.0	噪音					
3.1	操作及維修過程中的噪音應減少至可操作之最低值。	1.應有書面的噪音量測資料證明機械設備之操作噪音低於80dB(A)。				
4.0	電氣					
4.1	電氣設計應符合美國國家消防協會第79號標準（NFPA79），及美國國家電機規範（NEC）之要求，線路設計應能防阻危害。	1.必須有文件證明電氣設計均符合NFPA79工業機械裝置電機標準、NEC美國國家電機規範之規定，要有第三者團體對於設備之電氣設計符合NFPA79、NEC進				

I300I ESH 檢核表（續）

計畫編號：　　　　　　　評估日期：　　　　　　　評估單位：
機台名稱及型號：　　　　供應商：

項目	指標	審核基準	審核結果			審核意見
			符合	不符合	不適用	
		行評估的證明文件。				
		2.不可使用固定螺栓、螺釘及墊片的扭力接頭，如果無法避免使用扭力接頭，則必須有對該接頭進行可靠度檢驗的評估文件。				
		3.在潮濕環境中的電氣系統應有防水隔離之功能。				.
		4.如果必要時，必須具有防止蒸氣的功能。				
4.2	設備在設計時必須儘量減少在供電中執行校正、測試或維修，或是必須在靠近帶電部位進行工作。	5.必須於帶電狀況中執行維護工作，必須符合SEMI S2-93A 第11節中所界定的第一種作業及第二種作業之規定。 註：第一種作業：設備全部停電狀態。 第二種作業：設備供電中，活線均以絕緣體覆蓋，工作點在距帶電體較遠處，可排除觸電機率。				

I300I ESH檢核表（續）

計畫編號：　　　　　　評估日期：　　　　　　評估單位：

機台名稱及型號：　　　　供應商：

項目	指標	審核基準	審核結果			審核意見
			符合	不符合	不適用	
		6. 第三種作業或高電壓的工作必須列成清單，且必須說明何以不能將此工作降成第一種作業或第二種作業。 註：第三種作業：設備供電中，活線被暴露有可能接觸而產生危害，其暴露電壓小於30V有效值（RMS），42.2V尖峰值（PEAK）240VA及20焦耳。				
4.3	必須提供能源隔離（切斷電源）的方法以使得末端使用者能符合29CFR 1910.47及29CFR1910.331-335之規定。能源隔離包含上鎖/掛標示能容易執行並能儘量減少進行維修作業的停機（down time）時間。能源隔離作業應設計使得在執行能源隔離作	7. 設備機台內所有的次系統（cluster tools）設計成當其他的部分在運轉時，任一個反應器都能夠執行能源隔離。				
		8. 設計於機台中之能源隔離能力可分為三種等級：				
		a) 在生產區機台上使用斷路器將電源切斷。				
		b) 在生產區機台背後將反應器/模組電源隔離，可儘量減少上鎖的數量，但				

I300I ESH 檢核表（續）

計畫編號： 評估日期： 評估單位：

機台名稱及型號： 供應商：

項目	指標	審核基準	審核結果			審核意見
			符合	不符合	不適用	
	業時設備機具的停機時間減至最短，機台可用時間最大。	原則上是以一種危害能源使用一個上鎖／掛標示。				
		c)在所有能源的供應接點將能源隔離。				
		9.附屬系統均具有可執行獨立上鎖之功能。				
		10.機台工具的連鎖及EMO應能和化學品或氣體之供應設施以及支援系統相連鎖。				
4.4	非導電性隔離及／或接地導電性隔離。	11.一旦離開維修模式，所有安全連鎖系統均可自動回復。				
		12.使用隔離屏蔽（遮板）時，應依據ANSI Z535規定加以隔離。				
4.5	設備的電氣設計應儘量降低可能在進行維護、檢修或修復的過程中遭受電擊的可能性。	13.暴露的帶電線路、零件及端子板應該有可移開的保護蓋以防止人員的意外碰觸，這種保護蓋應該加以標示，且爲非導電性及非可燃性。				
		14.爲了測試線路而				

I300I ESH檢核表（續）

計畫編號：　　　　　　評估日期：　　　　　評估單位：

機台名稱及型號：　　　供應商：

項目	指標	審核基準	審核結果			審核意見
			符合	不符合	不適用	
		執行之經常性或非經常性的維護，其所保留的作業孔，應該設置有適當的護蓋加以保護。				
4.6	設備的表面洩漏不得大於3.5mA	15.設備之接地線路其接地電阻，自任何量測點至接地幹線不得大於1/10歐姆，並應將測量記錄保存。				
		16.接地線及接點之電流容量應該與非接地導線之電流容量搭配，且應符合NEC的規定。				
		17.設備的表面洩漏電流不得大於3.5mA。				
5.0	機械人及自動裝置					
5.1	機械人和自動化之使用不應增加設備之危險性。	1.應符合ANSI/RIA R15.06之文件格式及內容。				
		a)移動件：移動件產生的危險應設計消除或給予防護，若無法做到上述要求則應具備危險警示。適用於馬達、				

I300I ESH 檢核表（續）

計畫編號：　　　　　　評估日期：　　　　　　評估單位：

機台名稱及型號：　　　　供應商：

項目	指標	審核基準	審核結果			審核意見
			符合	不符合	不適用	
		齒輪、傳動皮帶及連桿等制動機構部分。				
		b)零組件誤動作：機械人零組件之設計應使因零組件損壞、鬆動及能量釋放所產生的危害減至最低。				
		c)能源：應提供獨立電源，且具備上鎖／掛標示之設計。				
		d)儲存能量：應提供方法控制儲存能量之釋放並儘可能貼上警示標籤，這些儲存能量包括氣壓、液壓容器、電容、彈簧、平衡配重及飛輪。				
		e)電磁干擾、無線電波干擾及靜電放電：機械人之設計及建造應具備良好的防護、濾波、接地等工程，使其所產生的危險動作減至最低。				
6.0	化學品加熱槽					
6.1	化學品加熱槽應符合SEMI S3之	1.應符合SEMI S3之文件格式及內容。				

I300I ESH檢核表（續）

計畫編號：　　　　　　評估日期：　　　　　　評估單位：

機台名稱及型號：　　　供應商：

項目	指標	審核基準	審核結果			審核意見
			符合	不符合	不適用	
	安全設計考量。	2.所有化學品加熱槽應有下列安全設計考量：				
		a)接地或接地故障線路斷電器。				
		b)電力中斷器。				
		c)手動復歸。				
		d)自動溫控裝置。				
		e)液位偵測裝置。				
		f)失效安全/過熱保護裝置。				
		g)合適之構造材料。				
		h)排氣失效連鎖系統。				
		i)過電流保護裝置。				

附錄五
頻率分析計算公式

系統可靠度計算中所使用的專有名詞定義與說明如下，首先定義使用的下標：

i 表示基本事件（basic event）。

K 表示最小分割集合（minimal cut set）。

T 表示頂端事件（top event）。

[定義1]不可用度（unavailability）：

在某一特定時間，t，失誤事件存在的機率。分別以$\bar{a}_i$表示任一基本事件的不可用度；$\bar{A}_K$表示任一組MCS的不可用度；$\bar{A}_T$表示頂端事件的不可用度。

[定義2]不可靠度（unreliability）：

在特定的時間區間內，通常是0至t中失誤事件發生的機率。分別以$\bar{r}_i$表示任一基本事件的不可靠度；$\bar{R}_K$表示任一組MCS的不可靠度；$\bar{R}_T$表示頂端事件的不可靠度。

[定義3]失誤期望值（expected number of failures）：

在特定的時間區間內，通常是0至t中失誤事件發生的平均數。分別以enf_i表示任一基本事件的失誤期望值；ENF_K表示任一組MCS的失誤期望值；ENF_T表示頂端事件的失誤期望值。

[定義4]失誤率（failure rate）：

在時間t以前不發生，而在時間t至t＋dt瞬間發生失誤事件的機率定義為λ dt。分別以λ_i表示任一基本事件的失誤率；Λ_K表示任一組MCS的失誤率；Λ_T表示頂端事件的失誤率。

[定義5]平均未復原時間（mean dead time）：

失誤事件存在的平均時間，或解釋為平均維修時間。分別以τ_i表示一基本事件的平均維修時間；τ_T表示頂

端事件的平均維修時間。

[定義6]單位時間失誤率（rate of failure）：

在時間t時，每單位時間失誤事件發生的預期次數。分別以rof,表示任一基本事件的單位時間失誤率；ROF_K表示任一組MCS的單位時間失誤率；ROF_T表示頂端事件的單位時間失誤率。

[定義7]平均至失誤時間（mean time to failure）：

失誤事件不存在的平均時間，或解釋為系統的平均正常運轉時間。分別以mttf,表示任一基本事件的平均至失誤時間；$MTTF_T$表示頂端事件的平均至失誤時間。

[定義8]重要度（importance）：

任一組MCS造成系統故障或失常的貢獻機率，以I_K來表示。任一基本事件對系統故障或失常的貢獻機率，以I_i來表示。

附5.1 基本事件方程式

附5.1.1 不可修復事件

$$\bar{r}_i = \bar{a}_i = enf_i = 1 - e^{-\lambda_i t} \tag{1a}$$

$$\leq \lambda_i t \text{ (for } \lambda_i t \leq 0.1) \tag{1b}$$

附5.1.2　可修復事件

$$\bar{r}_i = 1 - e^{-\lambda_i t} \leq \lambda_i t \ (\text{for } \lambda_i t \leq 0.1) \tag{2}$$

$$\bar{a}_i = \frac{\lambda_i \tau_i}{1 + \lambda_i \tau_i} \left[1 - e^{-(\lambda_i + \frac{1}{\tau_i})t} \right] \tag{3a}$$

$$\bar{a}_i \leq \frac{\lambda_i \tau_i}{1 + \lambda_i \tau_i} \ (\text{for } t \geq 2 \tau_i) \tag{3b}$$

$$\bar{a}_i \leq \lambda_i \tau_i \ (\text{for } \lambda_i \tau_i \leq 0.1 \text{ and } t \geq 2 \tau_i) \tag{3c}$$

附5.1.3　不可修復及可修復事件

$$\text{rof}_i = a_i \lambda_i = (1 - \bar{a}_i) \lambda_i \tag{4}$$

$$\text{enf}_i = \int_0^t \text{rof}_i \, dt \tag{5}$$

附5.2　最小分割集合方程式

$$\bar{A}_K = \prod_{i=1}^{n_k} \bar{a}_i \ , \ n_k \text{ 是最小分割集合 K 中基本事件的個數} \tag{6}$$

如果所有的基本事件是不可修復事件，則

$$\bar{A}_K = \bar{R}_K = \text{ENF}_K \tag{7}$$

否則，若有一個最小分割集合含有可修復的基本事件，則

$$\mathrm{ROF}_K = \sum_{i=1}^{n_k} \lambda_i a_i \prod_{j=1}^{n_k} \bar{a}_j \leqq \overline{A}_K \sum_{i=1}^{n_k} \frac{\lambda_i}{\bar{a}_i} \tag{8}$$

對於兩個事件的分割集合而言

$$\overline{A}_K \sum_{i=1}^{n_k} \frac{\lambda_i}{\bar{a}_i} = \bar{a}_1 \lambda_2 + \bar{a}_2 \lambda_1 \tag{9}$$

對於三個事件的分割集合而言

$$\overline{A}_K \sum_{i=1}^{n_k} \frac{\lambda_i}{\bar{a}_i} = \bar{a}_1 \bar{a}_2 \lambda_3 + \bar{a}_2 \bar{a}_3 \lambda_1 + \bar{a}_1 \bar{a}_3 \lambda_2 \tag{9b}$$

$$\overline{R}_K \leqq \mathrm{ENF}_K = \int_0^1 \mathrm{ROF}_K dt \tag{10}$$

$$\Lambda_K \approx \frac{\mathrm{ROF}_K}{A_K} \tag{11}$$

附5.3　頂端事件方程式

$$\overline{A}_T \leqq \sum_{K=1}^{N} \overline{A}_K ，N 是最小分割集合的個數 \tag{12}$$

$$\overline{R}_T \leqq \sum_{K=1}^{N} \overline{R}_K \tag{13}$$

$$\mathrm{ROF}_T \leqq \sum_{K=1}^{N} \mathrm{ROF}_K \tag{14}$$

$$\text{ENF}_T \leqq \sum_{K=1}^{N} \text{ENF}_T \qquad (15)$$

$$\Lambda_T \approx \sum_{K=1}^{N} \Lambda_K \qquad (16)$$

如果所有的基本事件是可修復事件，則

$$\text{MTTF}_T = \frac{1}{\Lambda_T} \qquad (17)$$

$$\tau_T \approx \frac{\overline{\dot{A}_T}}{\Lambda_T} \qquad (18)$$

附5.4 重要度方程式

附5.4.1 分割集合

$$I_K^{\bar{A}} = \frac{\overline{A_K}}{\overline{A_T}} \qquad (19)$$

$$I_K^{\bar{R}} = \frac{\overline{R_K}}{\overline{R_T}} \qquad (20)$$

$$I_K^{ENF} = \frac{ENF_K}{ENF_T} \qquad (21)$$

附5.4.2 基本事件

$$I_{i}^{\bar{A}} = \sum_{K=I}^{M} I_{K}^{\bar{A}} \qquad \text{，含有基本事件i的分割集合重要度I} \qquad (22)$$
之總和，M是含有基本事件i的分割
集合個數

$$I_{i}^{\bar{R}} = \sum_{K=1}^{M} I_{K}^{\bar{R}} \qquad\qquad\qquad\qquad (23)$$

$$I_{i}^{ENF} = \sum_{K=1}^{M} I_{K}^{ENF} \qquad\qquad\qquad (24)$$

國家圖書館出版品預行編目資料

工業安全風險評估 / 王世煌著. -- 初版. -- 台北
市：揚智文化, 2002[民 91]
　　面；　公分. -- （工業叢書；17）
含參考書目
ISBN　957-818-412-3（平裝）

1. 工業安全　2. 工業衛生

555.56　　　　　　　　　　　　　91010261

工業安全風險評估

作　　者/王世煌
出 版 者/揚智文化事業股份有限公司
發 行 人/葉忠賢
總 編 輯/閻富萍
地　　址/22204 新北市深坑區北深路三段 260 號 8 樓
電　　話/(02)8662-6826
傳　　真/(02)2664-7633
網　　址/http://www.ycrc.com.tw
 E-mail / service@ycrc.com.tw
印　　刷/鼎易印刷事業股份有限公司
 I S B N / 978-957-818-412-1
初版四刷/2012 年 2 月
定　　價/新台幣 350 元